패러디로 읽는 名詩 100편

名詩는 다시 태어나도 名詩가 된다.
그것은 소리와 얼굴로 웃는 것이 아니라,
머리와 마음으로 웃는 것이다.

Famous Poem Parody 100

패러디로 읽는 名詩 100편

초판1쇄 인쇄 2012년 02월 15일
초판1쇄 발행 2012년 02월 20일

지은이 | 박영만

펴낸 곳 | 드림북코리아, 프리윌출판사   기획 | 오지현
디자인 | 김경진   사진셀렉팅 | 박혜선
홍보 · 마케팅 | 고준호, 박혜린   관 리 | 고주연

출력 | 오크커뮤니케이션   인쇄 | 광문인쇄

등록번호 | 제2005-31호   등록년월일 | 2005년 05월 06일
주소 | 경기도 고양시 일산서구 대화동 2273-1번지 3층
전화 | 031-813-8303   팩스 | 031-922-8303
e-mail | yangpa6@hanmail.net

값 14,800원
ISBN 978-89-93379-21-1   03810
ⓒ프리윌출판사 2012

※ 이 책의 저작권은 프리윌출판사가 소유합니다.
    신 저작권법에 의하여 보호를 받는 저작물이므로 무단전재와 무단복제를 금합니다.
※ 잘못 만들어진 책은 구입처에서 교환해 드립니다.
※ 이 책은 종이책과 전자책 동시 출간입니다.

패러디로 읽는
名詩 100편

박영만
지음

PROLOGUE

　詩는 가장 오랫동안 인류와 함께 해온 문학 장르이다. 소설이나 수필은 근대에 이르러 생겨났지만, 詩는 문자의 탄생과 함께 시작되어 오늘날까지 면면히 이어져 오고 있다. 이것은 '인간 내부에 자리하고 있는 원초적 詩心이 인간의 근원적 속성과 맞닿아 있으며, 그것은 시대 변화에 의해 사라지지 않는다.'는 증거이다.

　詩는 인간의 정신생활이나 자연, 사회의 여러 현상에 대해 느낀 감동과 생각을 운율성의 간결한 언어로 나타낸 문학 형태를 말한다. 이것은 원래 특정인들만의 전유물이 아니었다. 미개인들에게도 희로애락의 감정은 춤이나 노래라는 형태로 나타났는데, 詩는 춤의 기원과 함께 생겨났고, 그 후 언어의 초자연적인 힘을 믿는 고대 신앙과 결부되어 욕망이나 기대의 실현을 바라는 주문(呪文)으로서의 단계를 거쳤으며, 그런 다음 생산과 노동에 수반하여 그 효율성을 높이기 위해 집단적으로 불리어진 노동가요로 발전했다. 그러다가 그 자체로서 양식을 완성하려는 자각이 생겨남으로써 문학의 한 갈래로 詩가 탄생하게 되었다.

 훌륭한 詩는 인간의 일상생활에 있어서 의식 깊숙한 곳에 숨어 있는, 사회적으로 억압된 충동이나 욕망을 밖으로 끌어내어 일종의 심리적 억압에서 해방시키는 작용을 한다. 반복이나 은유, 직유, 풍자 등의 기법을 통해 읽는 사람의 의식세계를 흔들어, 잠자고 있는 기억이나 소망을 불러 깨우기 위한 수단이 되는 것이다.

 벌새, 즉 Humming Bird는 최소 단위의 형태로 압축된 조류이다. 새로서의 모양을 흐트러뜨리지 않고 벌만한 크기로 압축된, 그러면서 갖출 것은 다 갖춘 앙증맞은 완성미를 볼 때 우리는 감탄을 하게 된다. 詩도 마찬가지이다. 詩는 Humming Word이다. 어떤 생각이나 현상, 느낌이 아름다운 언어로 운율에 맞추어 기발하게 직유되거나, 은유되거나, 풍자되면서 고도로 압축된 완성미를 나타낼 때, 독자들은 마음에 진한 감동과 함께 무언가를 촉발 받게 된다. 내부에 침전되어 있던 어떤 반짝이는 빛의 알갱이들이 떠오름을 느끼는 것이다.

모든 사람들이 인격이 같은 것처럼, 詩心도 지위고하를 막론하고 다 같은 인간 고유의 心性이다. 그래서 고대로부터 현대에 이르기까지 詩는 왕이나 권력자, 정치가, 과학자, 서민, 노동자 할 것 없이 누구나 다 써왔다. 다만 詩心을 나타내는 기법과 기술의 차이에 따라 프로와 아마추어가 있었을 뿐이다.
 모방은 기법과 기술을 연마하는 좋은 방법이다. 패러디는 일종의 모방이며 흉내이다. 성공한 사람을 따라하다 보면 어느새 나도 성공한 사람이 되어 있듯이, 누구나 잘 된 詩를 따라하거나 패러디하다보면 어느새 나도 훌륭한 詩人이 되어 있을 수 있다.
 우리의 마음 속 詩心은 화초와 같아서 그것에 물을 주고, 정성을 주어 가꿀 때 성장하게 된다. 행복도 마찬가지이다. 행복은 꽃밭에 피어있는 꽃과 같아서 꽃의 아름다움을 발견하고 향기를 맡는 사람만이 그 향기에 취하게 된다.

 이 책에는 100편의 꽃 같은 詩들을 심었다. 장미도 있고, 안개꽃도 있고, 히아신스도 있고, 맨드라미도 있고, 호박꽃도 있다. 각각의 꽃들이 고정화된 향기와 의미를 고집하지는 않는다. 느끼는 사람마다 그 향기와 의미가 다를 수 있기 때문이다.

이 책을 통해 100 송이의 詩의 향기를 음미하다보면, 때로는 상큼하고, 때로는 우아하고, 때로는 어이없고, 때로는 발칙한 詩들을 만날 것이고, 그때마다 마음에 슬며시 웃음꽃을 피우게 될 것이다.
 詩가 아름다운 것은 절제된 표현과 압축 속에 인생의 진실을 담고 있기 때문이듯이, 詩를 통한 웃음은 헤프지 않고 정갈하여 더욱 매력적이다. 그 정갈한 웃음의 매력에 취하는 사람은 오랫동안 詩의 정원에, 행복의 꽃밭에 서 있게 될 것이다.

 끝으로 우리의 행복과 정갈한 웃음을 위하여, 패러디詩의 꽃밭을 만들 수 있도록 해 준 원작자 시인 여러분들께 깊은 감사의 말씀을 전합니다.

- 패러디 저자 **박영만** -

CONTENTS

제1장 누군가의 깜찍한 사람입니까?

고구마에게 바치는 노래 - 새우깡에게 바치는 노래 17 / 그대가 곁에 있어도 나는 그대가 그립다 - 나는 오늘 또 김밥이 그립다 - 일억 원이 있어도 천만 원이 더 갖고 싶다 22 / 나 혼자서만 - 갈치 혼자서만 - 인간 혼자서만 26 / 인연 하나, 사랑 하나 - 핸드폰 하나, 수시 문자 31 / 담쟁이 - 달팽이 34 / 콩, 너는 죽었다 - 행복, 너는 얄밉다 37 / 시(詩) - 우주의 한 귀퉁이 (남자버전) - 우주의 한 귀퉁이 (여자버전) 40 / 내가 산이 되기 위하여 - 그가 나를 찾아주기 위하여 44 / 낙화(落花) - 휘발유 값 48 / 임을 위한 행진곡 - 자반고등어의 행진곡 51 / 귀천(歸天) - 귀부(歸富) 53 / 껍데기는 가라 - 도라지는 가라 55 / 겨울 바다 - 다시 찾은 고향 58 / 세월이 가면 - 머리칼이 빠지면 62 / 목마와 숙녀 - 소주와 양주 66 / 꽃 - 금(Gold) 69 / 풀 - 몸 71 / 백자부(白磁賦) - 부동산 73 / 승무(僧舞) - 몸매 76 / 낙화(落花) - 애처(愛妻) 80 / 아침 이미지 - 시대 이미지 - 노름판 이미지 84 / 서시(序詩) - 견시(犬詩) 87 / 참회록(懺悔錄) - 오기록(傲氣錄) 89 / 나그네 - 경마꾼 91 / 청노루 - 이권(利權) 93 / 신록(新綠) - 낙선(落選) 96 / 국화 옆에서 - 내 집 앞에서 99 / 귀촉도(歸蜀途) - 귀가길 101 / 가을의 기도 - 노총각의 기도 103 / 장날 - 앞날 105 / 사슴 - 착각 107 / 기다림 - 그리움 109 / 깃발 - 닭발 111 / 그리움 - 서러움 113 / 행복(幸福) - 회개(悔改) 116 / 바위 - 고목 119 / 저녁에 - 어디서 무엇을 하기에 121 / 마음 - 헛간 123 / 떠나가는 배 - 뛰어오른 망둥이 125 / 광야(廣野) - 공주야(公主野) - 백수야(白手野) 128 / 청포도 - 로또복권 131 / 사랑 - 금연 133 / 가던 길 멈추고 - 흐르던 역사 길을 멈추고 - 목마른 사랑 하나 웃음을 붙잡고 138 / 모란이 피기까지는 - 10Kg을 빼기 까지는

141 / 내 마음 아실 이 - 내 지갑 채워주실 이 143 / 오~메 단풍들겄네 - 오~메 환장하겄네 145 / 돌담에 속삭이는 햇발 같이 - 바람을 잡으려는 그물과 같이 147 / 남으로 창을 내겠소 - 권력으로 돈을 잡겠소 - 차명으로 땅을 사겠소 150 / 초혼(招魂) - 초면(招眄) 154 / 가는 길 - 튀는 상호 157 / 먼 후일 - 그 때 159 / 개여울 - 개 팔자 161 / 진달래꽃 - 노처녀꽃 - 노총각꽃 164 / 엄마야 누나야 - 개구리야 올챙이야 167 / 산유화(山有花) - 지구인(地球人) 169 / 북청 물장수 - 부뚜막 소금 171 / 웃은 죄 - 예쁜 죄 173 / 강이 풀리면 - 미팅에 나가면 175 / 산 너머 남촌에는 - 담 너머 옆집에는 177 / 빼앗긴 들에도 봄은 오는가? - 로봇도 인간이 될 수 있는가? 180 / 그날이 오면 - 복날이 오면 185 / 내 마음은 - 내 마음은 187 / 파초(芭蕉) - 지조(志操) 189 / 논개 - 놀게 190 / 님의 침묵 - 걱정의 침묵 195 / 알 수 없어요 - 알 수 없어요 197

CONTENTS

제2장 송아지가 얼을 낳았다고 계속 우기면

오, 나의 사랑 - 오, 나의 사랑 201 / 다시 한 번 인생을 되풀이 할 수 있다면 - 다시 한 번 에덴동산에 돌아간다면 205 / 숙명 - 의도 209 / 한 밤중 - 두 남자 211 / 느끼는 것이 우선이기에 - 마음이 우선이기에 213 / 사랑 - 촛불 215 / 미라보 다리 - 사랑의 다리 218 / 가을날 - 포기한 날 221 / 가지 않은 길 - 시키지 않은 음식 224 / 산 너머 저편 - 꿈 좋아 복권 227 / 이니스프리의 호도(湖島) - 요크셔테리어의 동네어귀 229 / 낙엽 - 낙장(落張) - 갈망(渴望) 235 / 내가 만일 애타는 한 가슴을 - 내가 만일 창조주라면 237 / 인생 찬가 - 하루살이의 노래 241 / 삶이 그대를 속일지라도 - 아내가 바가지를 긁을지라도 246 / 꽃이 하고픈 말 - 여왕이 하고픈 말 249 / 내 마음의 이 깊은 상처를 - 내 가슴 속 이 예쁜 마음을 251 / 초원의 빛 - 비만의 빛 254 / 무지개 - 눈 돌아감 257 / 내 사랑 - 내 사랑 주식 259 / 누구를 위하여 종은 울리나? - 누구를 위하여 間자를 붙였나? 261 / 소네트 38 - 소리 죽임 265 / 등고(登高) - 비감(悲感) 267 / 귀전원거(歸田園居) - 귀전원망(歸田怨望) 270 / 전사자(戰死者) - 전사닭(戰死鷄) 273 / 저녁별 - 사랑 275

제3장 풀닢침 기면 밤도 웃는다

동창이 밝았느냐 - 남편은 출근하고 279 / 잘 가노라 닫지 말며 - 돈 많다고 건방떨지 말며 281 / 술을 취케 먹고 - 복권을 한 장 들고 283 / 잔 들고 혼자 앉아 - 술 취해 걸어가며 285 / 노래 삼긴 사람 - 핵무기 가진 미국 287 / 반중 조홍감이 - 쇼윈도 명품 옷이 289 / 오동에 듯는 빗발 - 신문에 나는 뉴스 291 / 홍진의 꿈 깨인지 - 신혼의 꿈 깨인 지 293 / 한산섬 달 밝은 밤에 - 호수공원 볕 좋은 날에 295 / 사미인곡(思美人曲) - 사김치곡(思沈菜曲) 297 / 장진주사(將進酒辭) - 장진뢰사(將進賂辭) 299 / 마을 사람들아 - 의사당 사람들아 301 / 말 없는 청산이요 - 앵두 같은 입술이요 303 / 태산이 높다 하되 - 행복이 없다 하되 305 / 나비야 청산 가자 - 멍멍이야 보신탕집 가자 307 / 말하기 좋다하고 - 재갈 없다하고 309 / 동짓달 긴긴 밤을 - 세발낙지 긴 다리를 311 / 산은 옛 산이로되 - 사람은 옛 사람이로되 313 / 청산리 벽계수야 - 세상의 남자들아 - 특급호텔 안내원아 316 / 청산은 어찌하여 - 얼룩말은 어찌하여 319 / 적토마 살찌게 먹여 - 개미를 살찌게 먹여 321 / 천만리 머나먼 길에 - 모처럼 낀 화투판에 323 / 이 몸이 죽어가서 - 이 몸이 살아생전 325 / 삭풍은 나무 끝에 불고 - 물고기는 물속에 살고 327 / 내 해 좋다 하고 - 내 주장 옳다 하고 329 / 하여가(何如歌) - 작심가(作心歌) 331 / 단심가(丹心歌) - 탄식가(歎息歌) - 단애가(丹愛歌) 334 / 까마귀 검다 하고 - 백수 논다 하고 337 / 이화에 월백하고 - 이화여대 졸업하고 339 / 오백년 도읍지를 - 반만년 한국사를 341 / 흥망이 유수하니 - 불법대출 드러나니 343 / 청산은 나를 보고 - 남편은 아내 보고 345 / 정읍사(井邑詞) - 구차사(求車詞) 347 / 청산별곡(靑山別曲) - 웃자별곡 350

제 1 장
누구의 깜찍한 사랑입니까?

고구마에게 바치는 노래

류시화

고구마여
고구마여
나는 이제 너를 먹는다
너는 여름 내내 땅 속에서 감정의 농도를 조절하며
태양의 초대를 점잖게 거절했다
두더지들은 너의 우아한 기품에 놀라
치아를 하얗게 닦지 않고서는
네 앞에 나타나지 않았다
그때도 넌 네 몸의 일부분만을 허락했을 뿐
하지만 이제는 온 존재로
내 앞에 너 자신을 드러냈다

남자 고구마여
여자 고구마여
나는 두 손으로 너를 감싼다
네가 진흙 속에서 숨 쉬고 있을 때
세상은 따뜻했다
난 네가 없으면 겨울을 어떻게 보내야 할지 막막하다
쌀과 빵만으로 목숨을 연명한다는 것은

생각만으로도 슬픈 일
어떻게 네가 그 많은 벌레들의 유혹을 물리치고
돌투성이의 흙을 당분으로 바꾸는지
그저 놀랍기만 하다

고구마여, 나는 너처럼 살고 싶다
삶에서 너처럼 오직 한 가지 대상만을 찾고 싶다
고구마여
우리가 외로울 때 먹었던 고구마여
우리는 어디서 왔으며 무엇이고
어디로 가는가?

우리는 결국 무의 세계로 돌아갈 것인가
그러나 내 앞에는 고구마가 있다
생명은 결코 사라지지 않는 것이라고
넌 말하는 듯하다

모습은 바뀌어도 우리 모두는
언제까지나 우리 모두의 곁에 있는 것이라고
아무것도 죽지 않는다고
그렇다, 난 모든 길들을 다 따라가 보진 않았다
모든 사물에 다 귀 기울이진 않았다
그러나 나는 감히 대지의 신에게 말한다
세상에서 모든 것이 사라진다 해도
고구마여, 너만 내 곁에 있어 준다면
희망은 나의 것이라고.

새우깡에게 바치는 노래

패러디

새우깡이여
새우깡이여
나는 이제 너를 먹는다
너는 알맞게
고소한 맛과 짠 맛의 농도를 조절하며
자극적인 맛을 점잖게 거절했다
나는 너의 겸손한 맛의 기품에 놀라
자꾸만 손이 가지 않고는
견딜 수가 없다
그럴 때마다 넌 네 몸의 전부를 허락하고
이제는 빈 봉지가 된 존재로
내 앞에 다시 여운으로 남는다

새우깡이여
새우깡이여
나는 빈 봉지를 거꾸로 흔들어본다
네가 봉지 안에서
새큰새큰 잠자고 있을 때

나의 사랑은 풍요로웠다
난 네가 없으면
무료한 밤을 어떻게 보내야 할지 막막하다
아이스크림과 초콜릿만으로 입을 즐겁게 한다는 것은
생각만으로도 슬픈 일

어떻게 네가 그 많은 맛들을 물리치고
겸손한 새우 맛을 내는지
그저 놀랍기만 하다

새우깡이여
새우깡이여
내가 심심할 때 즐겨먹는 새우깡이여
나는 너처럼 되고 싶다
네가 늘 사람들의 구미를 당기는 것처럼
나도 늘 다른 사람들에게 구미가 당기는
사람들이 심심할 때 위안이 될 수 있는 나

나는 그것을 너에게서 배운다
너무 달지도, 너무 짜지도, 너무 싱겁지도 않은
온유한 사랑의 맛을 낼 수 있는 나

새우깡이여
새우깡이여
너는 온 몸으로 나에게 말한다
사람들의 입맛은 까다로워도
사람들의 감정은 변덕스러워도
우리는 언제나 사랑의 맛을 내야 한다고
새우깡이여
새우깡이여
너만 내 곁에 있어 준다면
나는 결코 외롭지 않다.

그대가 곁에 있어도 나는 그대가 그립다

류시화

물속에는
물만 있는 것이 아니다
하늘에는
그 하늘만 있는 것이 아니다
그리고 내안에는
나만이 있는 것이 아니다

내 안에 있는 이여
내안에서 나를 흔드는 이여
물처럼 하늘처럼 내 깊은 곳 흘러서
은밀한 내 꿈과 만나는 이여
그대가 곁에 있어도
나는 그대가 그립다.

나는 오늘 또 김밥이 그립다

패러디

떡볶이 속에는
떡만 있는 것이 아니다
잡채 안에는
당면만 있는 것이 아니다
그리고 김밥 안에는
밥만 있는 것이 아니다

김밥 안에 있는 단무지여
김밥 안에서 맛을 더하는 햄이여
시금치와 게맛살과 함께 어우러져
은밀한 맛을 내는 김밥이여
어제 2인분을 먹었는데도
나는 오늘 또 김밥이 그립다.

일억 원이 있어도 천만 원이 더 갖고 싶다
패러디

몸속에는
오장육부만 있는 것이 아니다
마음속에는
희로애락만 있는 것이 아니다
그리고 내 안에는
만족만 있는 것이 아니다

내 안에 있는 욕심이여
내 안에서 나를 흔드는 욕심이여
오장육부처럼, 희로애락처럼 내 깊은 곳에 머물러
은밀한 내 어리석음과 만나는 욕심이여

일억 원이 있어도
나는 천만 원이 더 갖고 싶다.

나 혼자서만

이정하

그대는 가만히 있는데
나만 안절부절못했습니다

그대는 무어라
한 마디도 하지 않는데
나만 공연히 그대 사랑을
가늠해보곤 했습니다

예나 지금이나 변함없는
그대를 두고 나 혼자서만
부지런히 사랑과 이별 사이를
들락날락했던 것입니다

부족하면 채우려고 애를 쓰지만
넘치면 그저 묵묵히 있을 수 있다는 걸
그대 그윽한 눈빛은 내게 가르쳐주었지요

조용히 지켜보는 것이
사실은 더욱 큰 사랑임을
어쩔 수 없이 난 인정해야 했지요.

갈치 혼자서만

패러디

꽁치는 가만히 있는데
갈치 혼자서만 꽁치를 미워했습니다

꽁치는 무어라 한 마디도 하지 않는데
갈치만 공연히 꽁치를 미워해서
시기하곤 했습니다

예나 지금이나 종잡을 수 없는
인간의 변덕스런 입맛을 두고
갈치 혼자서만 인간의 젓가락 사랑을
독차지 하려 했던 것입니다

갈치가 꽁치 맛도 내보려 애써보지만
갈치는 그저 갈치 맛만 내면 된다는 것을
고등어 맛 당당한 고등어가 가르쳐 줬지요

갈치가 꽁치 맛까지 내보려 하다간
갈치도 못 되고, 꽁치도 못 된다는 걸
조림이 되고 난 뒤에야 갈치는
어쩔 수 없이 인정하게 되었지요.

인간 혼자서만

패러디

신은 가만히 있는데
인간 혼자서만 종교를 만들었습니다

신은 무어라 한마디도 하지 않는데
인간 혼자서만 종교를 만들어
신의 이름으로 자신들의 세를 확장하려
난리를 쳤습니다

예나 지금이나 변함없는
절대자의 진리를 놔두고
인간 혼자서만 종교를 만들어
그것이 구원의 길이요, 진리라고
떠들어 댔습니다

인간이 진리를 알아 구원을 이루려 애써보지만
인간은 가장 인간다우면 된다는 것을
스스로 그러한 자연이 가르쳐 줬지요

그래서 선하게 살다 간 우리네 선현님들은
'이놈아, 먼저 인간이 되라.' 라고 말씀하셨고
하나 뿐이 없는 님도
그것이 옳다 계시하여 주셨지요.

인연 하나, 사랑 하나

이하영

나 이제
그 사람이 있어
아름다운 詩 향기 가득
품어 낼 수 있듯

그 사람도 나로 인해
삶의 향기 가득
느낄 수 있게 하소서

매서운
겨울을 안고 떠났던 바람이
다시 돌아와
찬란한 아침 꽃망울을 터뜨리며
화사하게 웃으며 말하고 있듯

이젠 힘겨웠던 나날들이
결코 헛되지 않은
아름다운 우리의 인연이 있어
더 이상 슬프지 않은
행복한 나날 되게 하시고

서로 끝까지
지켜 줄 수 있는
마지막 사랑이 되게 하소서

미움이 싹트려 할 땐
사랑이 밑바탕 되어
더욱 용서하고
비워가는 사랑 하게 하소서

오랜 시간
정성을 다해 인내로 키워 낸
향기로운 난초처럼

같이한 세월이
많으면 많아질수록
인내 속에 아름다운
사랑의 꽃 피우게 하소서

진정한 사랑이란
어떤 이의 말처럼

흐르는 눈물을
닦아주는 것이 아니라
그 사람의 눈에서
눈물 흐르지 않게 하는 것임을

이 세상에
사랑이란 이름 앞에 선
모든 이들에게
마음마저 적셔오는
훈훈한 참 사랑이 무엇인지
일깨워 줄 수 있는

참으로 아름다운
인연 하나
사랑 하나 되게 하소서.

핸드폰 하나, 수시 문자

패러디

나 이제
핸드폰 있어 여기저기 아무데나
맘대로 문자할 수 있습니다

그 핸드폰 나로 인해
온갖 기능들 다
누리게 하소서

기지국과 함께
전파를 타고 다시 돌아온 문자의 아침
시원한 아침 공기를 호흡하며 숨 쉬듯
문자와 이모티콘을 액정에 담아 봅니다

감당할 수 없는 요금 고지서가 날아와도
더 이상 부담가지 않는 나날 되게 하시고
수시로 폰 메일을 전파에 실어 보낼 수 있게 하소서

오늘도 문자가 전파를 타고 흐를 때
마주보고 깔깔대며 접시를 깨는 것처럼

문자가 많으면 많을수록 고독은 물러가고
함께한다는 착각이 일어나게 하소서

진정한 폰 메일이란
어떤 이의 말처럼
참을 수 없는 고독의 불안증세가 아니라
배부르기 위해 껌을 씹는 것이 아닌 것처럼
무슨 중요한 내용이 있어서 하는 것이 아님을

세상의 모든
진지함과, 심각함과, 똑똑함 앞에 선 이들에게
경쾌하게 오고가는 문자의 참맛이 어떤 것인지
일깨워줄 수 있는

참으로 재미있는
핸드폰 하나, 수시 문자
스트레스 해소되게 하소서.

담쟁이

도종환

저것은 벽
어쩔 수 없는 벽이라고 우리가 느낄 때
그때,
담쟁이는 말없이 그 벽을 오른다

물 한 방울 없고 씨앗 한 톨 살아남을 수 없는
저것은 절망의 벽이라고 말할 때
담쟁이는 서두르지 않고 앞으로 나아간다
한 뼘이라도 꼭 여럿이 함께 손을 잡고 올라간다
푸르게 절망을 다 덮을 때까지
바로 그 절망을 잡고 놓지 않는다

저것은 넘을 수 없는 벽이라고 고개를 떨구고 있을 때
담쟁이 잎 하나는 담쟁이 잎 수천 개를 이끌고
결국 그 벽을 넘는다.

달팽이

　　　　패러디

저것은 엘리베이터
버튼을 누를 수 있는 손이 없다는 것을 알았을 때
그때,
달팽이는 말없이 아파트 벽을 오르기 시작한다

이슬 한 방울 없고, 풀 한 포기 없는
그것이 고난의 벽이라는 걸 알았을 때
그때 달팽이는 서두르지 않고
천천히 아파트 벽을 오르기 시작한다
내리쬐는 땡볕을 견디며 조금씩 조금씩 기어 올라간다

촉수가 마르고 가슴이 찢어져도
절대 희망을 잡고 놓지 않는다
오를 수 있고 없음의 높이를 가늠하지 않고
그저 한 뼘 앞만 바라보면서 저 높은 아파트 옥상을 향해
달팽이는 꼬물거리며 기어 올라간다

그리고 마침내 동트는 아침 이끼 푸른 옥상을 차지하고 죽는다
이루었기에!…

콩, 너는 죽었다

김용택

콩 타작을 하였다
콩들이 마당으로 콩콩 뛰어나와
또르르, 또르르 굴러간다

콩 잡아라, 콩 잡아라
굴러가는 저 콩 잡아라
콩 잡으러 가는데
어, 어, 저 콩 좀 봐라
구멍으로 쏙 들어가네

콩, 너는 죽었다.

행복, 너는 얄밉다

패러디

행복 사냥을 하였다
행복이 허공중에
포르륵, 포르륵 날아다닌다

행복 잡아라, 행복 잡아라
행복을 잡으려는데
어, 어? 저 행복 좀 봐라
원래 내 손안에 있었네

행복, 너는 얄밉다.

시(詩)
나태주

마당을 쓸었습니다
지구 한 모퉁이가 깨끗해졌습니다

꽃 한 송이 피었습니다.
지구 한 모퉁이가 아름다워졌습니다

마음속에 시 하나 싹텄습니다.
지구 한 모퉁이가 밝아졌습니다

나는 지금 그대를 사랑합니다
지구 한 모퉁이가 더욱 깨끗해지고
아름다워졌습니다.

우주의 한 귀퉁이 (남자 버전)

패러디

삼겹살 2인분을 먹었습니다
우주의 한 귀퉁이가 충만해졌습니다

추가로 냉면 한 그릇을 먹었습니다
우주의 한 귀퉁이가 더욱 충만해졌습니다

디저트로 과일 한 접시를 먹었습니다
우주의 한 귀퉁이가 아주 충만해졌습니다

입가심으로 커피를 한 잔 마셨습니다
불룩하게 튀어나온 우주의 한 귀퉁이가 소리칩니다
이 미련한 놈아!

우주의 한 귀퉁이 (여자 버전)

패러디

파우더로 얼굴을 두드렸습니다
우주의 한 귀퉁이가 예뻐졌습니다

아이라인을 그렸습니다
우주의 한 귀퉁이가 더욱 예뻐졌습니다

빨간 립스틱을 발랐습니다
우주의 한 귀퉁이가 아주 예뻐졌습니다

스카프를 하고 향수를 뿌렸습니다.
지금까지 지켜보고 있던 엄마가 소리칩니다
살이나 빼 이것아!

내가 산이 되기 위하여

이근배

어느 날 문득
서울 사람들의 저자 거리에서
헤매고 있는 나를 보았을 때
산이 내 곁에 없는 것을 알았다

낮도깨비 같이 덜그럭거리며
쓰레기 더미를 뒤적이며
사랑 따위를 파는 동안
산이 떠나버린 것을 알았다

내가 술을 마시면 같이 비틀거리고
내가 누우면 따라서 눕던
나는 산을 잃어 버렸다

내가 들르던 술집 어디
내가 만나던 여자의 살 냄새 어디
두리번거리고 찾아도
산은 보이지 않았다

아주 산이 가버린 것을 알았을 때
나는 피리를 불기 시작했다
내가 산이 되기 위하여.

그가 나를 찾아주기 위하여

패러디

어느 날 문득
인생의 들판에서
헤매고 있는 나를 보았을 때
나는 내가 내 곁에 없다는 것을 알았다

성공이라는 그림자를 쫓아
좋은 것, 남이 알아주는 것이라는
쓰레기더미를 쌓아가며
알량한 것들을 이루려 애쓰고 있는 동안
나는 내가 내 곁을 떠나버린 것을 몰랐다

내가 누우면 함께 따라 눕고
내가 일어서면 같이 일어서주던
늘 나와 함께 해 주던 나를
나는 잃어버렸다

내가 가진 명함
내가 마련한 부동산, 통장, 주식, 보험, 연금…
내가 사들인 물건들…
그 어디에도
두리번거리며 찾아보아도
나는 보이지 않았다

나는 내가 내 곁을 아주 떠나버린 것을 알았을 때
그분이 피 흘리며 십자가에 매달려 있음을 보았다
그가 나를 찾아주기 위하여
그가 나의 구원을 위하여.

낙화(落花)
이형기

가야 할 때가 언제인가를
분명히 알고 가는 이의
뒷모습은 얼마나 아름다운가

봄 한 철
격정을 인내한
나의 사랑은 지고 있다

분분한 낙화…
결별이 이룩하는 축복에 싸여
지금은 가야 할 때

무성한 녹음과 그리고
머지않아 열매 맺는
가을을 향하여
나의 청춘은 꽃답게 죽는다

헤어지자
섬세한 손길을 흔들며
하롱하롱 꽃잎이 지는 어느 날

나의 사랑, 나의 결별
샘터에 물 고인 듯 성숙하는
내 영혼의 슬픈 눈.

휘발유 값

패러디

내려야 할 때가 언제인가를 분명히 알고
떨어지는 휘발유 값의 자율 하락은
얼마나 아름다운가?

여름 한철 오르기를 인내한
휘발유의 가격은
또 오르고 있다

무심한 미터계…
금액이 이룩하는 축복에 싸여
팔랑개비처럼 돌아간다

대부분을 차지하는 세금과
머지않아 누군가 사고 칠 공적 자금을 위하여
휘발유의 가격은 올라가고 있다

포기하자, 수용의 미덕으로
리터당 5천 원 하는 어느 날
나의 애마(愛馬), 나의 자동차
중고차 시장에 내놓고
버스 타면 되는 것을.

임을 위한 행진곡

백기완 · 황석영

사랑도 명예도 이름도 남김없이
한 평생 나가자던 뜨거운 맹세
싸움은 용감했어도 깃발은 찢어져
세월은 흘러가도
굽이치는 강물은 안다

벗이여 새 날이 올 때까지 흔들리지 말자
갈대마저 일어나 소리치는 끝없는 함성
일어나라, 일어나라
소리치는 피맺힌 함성
앞서서 나가니
산자여 따르라
산자여 따르라.

자반고등어의 행진곡

                       패러디

몸뚱이도 머리도 꼬리도 남김없이
밥반찬 되자던 뜨거운 맹세
손님은 간데없고 파리만 나부껴
손님이 올 때까지 흔들리지 말자

이렇게 안 팔려도 옛 사람은 안다
알맞게 간이 밴 자반고등어의 참 맛을
앞서서 나가니 삼치여 따르라
앞서서 나가니 꽁치여 따르라.

귀천(歸天)
천상병

나 하늘로 돌아가리라
새벽빛 와 닿으면 스러지는
이슬 더불어 손에 손을 잡고

나 하늘로 돌아가리라
노을빛 함께 단 둘이서
기슭에서 놀다가 구름 손짓하면은

나 하늘로 돌아가리라
아름다운 이 세상 소풍 끝내는 날
가서 아름다웠더라고 말하리라.

귀부(歸富)
패러디

나 돈 많이 벌어 부자 되리라
명예, 사랑, 권력 모두 얻는
존경 더불어 손에 손을 잡고

나 돈 많이 벌어 부자 되리라
오로지 부귀영화만을 추구하다가
어느 날 갑자기 죽음이 온다 해도

나 최첨단 의술 모두 동원해
끝까지 버티며 반항하며
돈의 위력을 보여주리라.

껍데기는 가라

신동엽

껍데기는 가라
사월(四月)도 알맹이만 남고
껍데기는 가라

껍데기는 가라
동학년(東學年) 곰나루의 그 아우성만 살고
껍데기는 가라

그리하여 다시
껍데기는 가라
이곳에선 두 가슴과 그 곳까지 내놓은
아사달 아사녀가
중립(中立)의 초례청 앞에 서서
부끄럼 빛내며
맞절할지니

껍데기는 가라
한라에서 백두까지
향그러운 흙 가슴만 남고
그 모오든 쇠붙이는 가라.

도라지는 가라

패러디

도라지는 가라
뿌리 굵은 산삼만 남고
도라지는 가라

도라지는 가라
백년근 산삼만 남고
도라지는 가라

그리하여 다시
삼년근 도라지는 가라
사슴 놀던 자리에서 캔 백년근 산삼만이
무병장수를 위하여
향기를 풍기며 먹혀 질지니

도라지는 가라
그 옛날 진시황에게 바쳐졌던
백년근 산삼만 남고
그 모오든 도라지는 가라.

겨울바다

김남조

겨울 바다에 가 보았지
미지(未知)의 새
보고 싶던 새들은 죽고 없었네

그대 생각을 했건 만도
매운 해풍에
그 진실마저 눈물져 얼어 버리고

허무의
불
물이랑 위에 불붙어 있었네

나를 가르치는 건
언제나
시간…
끄덕이며, 끄덕이며 겨울 바다에 섰었네

남은 날은
적지만
기도를 끝낸 다음

더욱 뜨거운 기도의 문이 열리는
그런 영혼을 갖게 하소서

남은 날은
적지만
겨울 바다에 가 보았지
인고(忍苦)의 물이
수심(水深) 속에 기둥을 이루고 있었네.

다시 찾은 고향
패러디

나 어릴 적 고향에 가 보았지
미지의 사람들
내가 살던 고향은 죽고 없었네

미루어 짐작을 했건 만도
밀어닥친 도시의 발굽에
동구 밖 느티나무도 짓밟혀 버리고

수직의 아파트
점령군의 모습으로
과수원이 있던 자리에 우뚝 서 있었네

나를 가르치는 건
언제나
세월
시간을 뛰어넘은 자리에
객이 되어버린 내가 우두커니 서 있었네

당황한 이방인이
낯선 풍경 속에
외계인처럼 우뚝 서 있었네

내가 살던 고향은
형체도 없지만
내 마음속에 뛰노는 동심은
내 마음속에 흐르는 개울은
그대로 살아있게 하소서

내가 살던 고향은
죽고 없지만
나 어릴 적 고향에 가 보았지
수직의 아파트
점령군의 모습으로
느티나무 자리에 우뚝 서 있었네.

세월이 가면

박인환

지금 그 사람 이름은 잊었지만
그 눈동자 입술은
내 가슴에 있네

바람이 불고
비가 올 때도
나는
저 유리창 밖 가로등
그늘의 밤을 잊지 못하지

사랑은 가도 옛날은 남는 것
여름날의 호숫가, 가을의 공원

그 벤치 위에
나뭇잎은 떨어지고
나뭇잎은 흙이 되고
나뭇잎에 덮여서
우리들 사랑이
사라진다 해도

지금 그 사람 이름은 잊었지만
그 눈동자 입술은
내 가슴에 있네
내 서늘한 가슴에 있네.

머리칼이 빠지면

패러디

지금 그 숱 많던 머리는 벗겨졌지만
덥수룩한 수염은
내 얼굴에 그대로 있네

빗이 있어도, 무스가 있어도
나는
서러운 대머리
가르마를 탈 수가 없지

머리칼이 빠지면 누구나 대머리가 되는 것
몇 올 남지 않은 머리칼 반짝이는 앞이마

그 머리 위에
스킨을 바르고
로션을 바르고
향수를 뿌려서
빛나는 광채가 눈부시다 해도

지금 그 준수하던 외모는 간 데가 없고

그 숱 많던 머리칼은 사진 속에만 있네
빛바랜 사진 속에만 있네.

목마와 숙녀

박인환

한 잔의 술을 마시고
우리는 버지니아 울프의 생애와
목마를 타고 떠난 숙녀의 옷자락을 이야기한다
목마는 주인을 버리고 그저 방울소리만 울리며
가을 속으로 떠났다, 술병에서 별이 떨어진다
상심한 별은 내 가슴에 가볍게 부서진다

그러한 잠시 내가 알던 소녀는
정원의 초목 옆에서 자라고
문학이 죽고 인생이 죽고
사랑의 진리마저 애증의 그림자를 버릴 때
목마를 탄 사랑의 사람은 보이지 않는다

세월은 가고 오는 것
한때는 고립을 피하여 시들어가고
이제 우리는 작별하여야 한다
술병이 바람에 쓰러지는 소리를 들으며
늙은 여류작가의 눈을 바라다보아야 한다

등대(燈臺)에
불이 보이지 않아도
그저 간직한 페시미즘의 미래를 위하여
우리는 처량한 목마 소리를 기억하여야 한다

모든 것이 떠나든 죽든
그저 가슴에 남은 희미한 의식을 붙잡고
우리는 버지니아 울프의 서러운 이야기를 들어야 한다
두 개의 바위틈을 지나 청춘을 찾은 뱀과 같이
눈을 뜨고 한 잔의 술을 마셔야 한다

인생은 외롭지도 않고
그저 낡은 잡지의 표지처럼 통속하거늘
한탄할 그 무엇이 무서워서 우리는 떠나는 것일까?

목마는 하늘에 있고
방울 소리는 귓전에 철렁거리는데
가을 바람소리는
내 쓰러진 술병 속에서 목메어 우는데.

소주와 양주

패러디

서민의 부름을 받고
소주병은 고급안주의 생애와
룸살롱으로 떠난 양주병의 치사함을 이야기한다
양주병은 서민을 버리고 그저 매상만을 생각하며
룸살롱으로 떠났다

병 모양만 다를 뿐이다, 내용물은 거기서 거기다
그러한 잠시 소주병이 알던 양주병은
목에 힘을 준 사람들 앞에서 아양을 떨고
삼겹살이 익고 소주잔이 돌아가고
참이슬의 진리마저 애증의 그림자를 버릴 때
테이블 밑 쓰레기통에 몰래 버려지는 양주의 위선은 보이지 않는다

술은 마시면 취하는 것
한때는 도수를 높였다 내리고
이제 소주병은 즐거워해야 한다
돌판 위에 구워지는 삼겹살 냄새를 맡으며
만족해하는 서민의 눈을 바라다보아야 한다

고급안주 옆에

소중히 놓이지 않아도
그저 간직한 서민의 애환과 주머니사정을 위하여
소주병은 증류주의 가치를 높여야 한다

양주병이 대접받든 말든
그저 후리 삼배의 의식을 붙잡고
소주병은 양주병의 값비쌈을 불쌍히 여겨야한다
언제나 부담 없는 안주와 함께
술꾼의 사랑을 받아야 한다

알코올은 인간의 피와 살이 되는 것도 아니고
그저 덮어쓴 위선의 껍데기를 벗길 때
한 몫 거들어주기만 하면 되는 것을
한탄할 그 무엇이 서러워서
양주병을 부러워하는 것일까?

양주병은 룸살롱에 있고
폭탄주를 돌리거나 말거나
서민의 사랑은
소주병의 매끈한 몸매를 쓰다듬는데.

꽃

김춘수

내가 그의 이름을 불러 주기 전에는
그는 다만
하나의 몸짓에 지나지 않았다

내가 그의 이름을 불러 주었을 때
그는 나에게로 와서
꽃이 되었다

내가 그의 이름을 불러준 것처럼
나의 이 빛깔과 향기에 알맞은
누가 나의 이름을 불러다오
그에게로 가서 나도 그의 꽃이 되고 싶다

우리들은 모두
무엇이 되고 싶다
나는 너에게, 너는 나에게
잊혀지지 않는 하나의 의미가 되고 싶다.

금(Gold)
패러디

우리가 그것에 마음을 두기 전에
그것은 다만
하나의 광물에 지나지 않았다

우리가 그것에 마음을 두었을 때
그것은 우리에게로 와서
금이 되었다

우리가 그것에 마음을 둔 것처럼
우리는 세상에 존재하는 모든 것들에
마음을 두어야 한다

길가에 떨어진 개똥도
약에 쓰일 가치가 있듯이
존재하는 모든 것들에는
존재의 의미가 있다

쇠똥은 쇠똥구리에게
닭똥은 과수나무에게
하나의 잊혀지지 않는
소중한 의미가 되고 싶다.

풀

김수영

풀이 눕는다
비를 몰아오는 동풍에 나부껴
풀은 눕고
드디어 울었다
날이 흐려서 더 울다가
다시 누웠다

풀이 눕는다
바람보다도 더 빨리 눕는다
바람보다도 더 빨리 울고
바람보다 먼저 일어난다

날이 흐리고 풀이 눕는다
발목까지
발밑까지 눕는다
바람보다 늦게 누워도
바람보다 먼저 일어나고
바람보다 늦게 울어도
바람보다 먼저 웃는다
날이 흐리고 풀뿌리가 눕는다.

몸
패러디

몸이 눕는다
욕정을 몰아오는 감성에 나부껴
옷을 벗고 드디어 눕는다
잠시 망설이다가
그냥 눕는다

몸이 눕는다
사랑보다도 더 빨리 눕는다
사랑보다도 더 빨리 벗고
사랑보다도 더 빨리 일어난다
애정의 성숙을 뒤로하고 몸이 눕는다
거리낌 없이 눕는다

사랑보다 먼저 누웠다가
사랑보다 먼저 일어나고
사랑보다 먼저 벗었다가
사랑보다 먼저 입는다
애정의 성숙을 뒤로하고 몸이 눕는다.

백자부(白磁賦)

김상옥

찬 서리 눈보라에 절개 외려 푸르르고
바람이 절로 이는 소나무 굽은 가지
이제 막 백학 한 쌍이 앉아 깃을 접는다

드높은 부연 끝에 풍경소리 들리던 날
몹사리 기다리던 그런 임이 오셨을 제
꽃 아래 빚은 그 술을 여기 담아 오도다

갸우숙 바위틈에 불로초 돋아나고
채운(彩雲) 비껴 날고 시냇물도 흐르는데
아직도 사슴 한 마리 숲을 뛰어 드노다

불 속에 구워내도 얼음같이 하얀 살결
티 하나 내려와도 그대로 흠이 지니
흠 속에 잃은 그 날은 이리 순박하도다.

부동산
패러디

규제, 단속, 법 강화에 가격 외려 올라가고
5억이 10억 되는 신도시 재개발 땅
오늘도 투기꾼들이 회심의 미소를 짓는다

좁쌀 천 번 굴러 호박 되렴 하세월
호박 한 번 굴러 대박 되렴 단 일 년
새벽종이 깨지고 재테크가 울렸다

나락 논도 메우고, 외양간도 허물고
아파트 세워 세워 주택난을 해소한다는데
정책은 그럴진대 세상 꾀가 그를 뛰어 넘도다

지적도에 줄을 그어 이리 찢고 저리 찢어
땅 투기로 집 투기로 GNP를 올리고
돈 속에 잃은 인심 이리 강퍅하도다.

승무(僧舞)

조지훈

얇은 사(紗) 하이얀 고깔은
고이 접어서 나빌레라

파르라니 깎은 머리
박사(薄紗) 고깔에 감추오고

두 볼에 흐르는 빛이
정작으로 고와서 서러워라

빈 대(臺)에 황촉(黃燭)불이 말없이 녹는 밤에
오동잎 잎새마다 달이 지는데

소매는 길어서 하늘은 넓고
돌아설 듯 날아가며 사뿐히 접어 올린 외씨보선이여

까만 눈동자 살포시 들어
먼 하늘 한 개 별빛에 모두오고

복사꽃 고운 뺨에 아롱질 듯 두 방울이야
세사에 시달려도 번뇌(煩惱)는 별빛이라

휘어져 감기우고 다시 뻗어 접는 손이
깊은 마음 속 거룩한 합장(合掌)인 양하고

이 밤사 귀또리도 지새는 삼경(三更)인데
얇은 사(紗) 하이얀 고깔은 고이 접어서 나빌레라.

몸매
패러디

가는 허리 긴 다리는
오매불망 꿈일레라

삐져나온 허릿살
명품으로 감추오고

자꾸만 처지는 힙이
정작으로 맵시 안나 서러워라

날씬하면 모든 것을 용서받을 수 있는 시대에
너도 나도 몸매 가꾸기 전쟁터에 뛰어드는데

맛난 음식은 구미를 당기우고
아무리 용을 써도 빠지지 않는 군살이여

입었던 거들 살포시 내려
굵은 허리 처진 힙, 거울 속에 비추오고

상상 속 변신 모습 잡힐 듯 보이고야
타고난 몸매는 짜증의 원천이라

내렸던 거들 다시 올리는 절망감이
깊은 마음 속 거룩한 합장인 양하고

이 밤 사 TV속 미인들은 질투를 불러일으키는데
가는 허리 긴 다리는 오매불망 꿈일레라.

낙화(落花)

조지훈

꽃이 지기로소니
바람을 탓하랴

주렴밖에 성긴 별이
하나 둘 스러지고

귀촉도 울음 뒤에
머언 산이 다가서다

촛불을 꺼야 하리
꽃이 지는데

꽃 지는 그림자
뜰에 어리어

하이얀 미닫이가
우련 붉어라

묻혀서 사는 이의
고운 마음을
아는 이가 있을까

저어하노니
꽃 지는 아침은
울고 싶어라.

애처(愛妻)
패러디

반찬이 빈약하기로소니
아내를 탓하랴

저녁 밥상 반찬들이
어지러움을 피하고

김치와 된장찌개
콩나물이 정겨워라

불평을 없애야 하리
내일 이면 또 먹어야 할 밥인데

오늘 저녁 밥상
단출하게 차리어

한국인의 영양식 김치가
우련 맛있어라

매일 같이 반찬 걱정해야 하는 사람의
반복되는 고충은
오죽이나 할까?

저어하노니
배불리 먹고 난 이 저녁엔
내친김에 설거지도 내가 하고 싶어라.

아침 이미지

박남수

어둠은 새를 낳고, 돌을 낳고,
꽃을 낳는다

아침이면
어둠은 온갖 물상(物象)을 돌려주지만
스스로는 땅 위에 굴복(屈服)한다

무거운 어깨를 털고
물상(物像)들은 몸을 움직이어
노동의 시간을 즐기고 있다

즐거운 지상의 잔치에
금(金)으로 타는 태양의 즐거운 울림

아침이면
세상은 개벽(開闢)을 한다.

시대 이미지
패러디

돈은 돈을 낳고, 권력을 낳고,
명예를 낳는다

그것은
모든 것을 갖게 해 주지만
방심할 때는 오히려 그 앞에 굴복해야한다

그래도 사람들은 아무 생각 않고
모든 수단과 방법을 다 동원해
돈을 쫓아가는 삶을 살아가고 있다

돈을 움켜쥔 자가 모든 것을 지배하는 시대에
금전욕으로 불타는 군중의 약동

아침이면
사람들은 또 돈을 벌기위해 집을 나선다.

노름판 이미지

패러디

한 사람이 오고, 또 한 사람이 오고,
또 다른 두 사람이 온다

저녁이면
그들은 모두 쓰리 고에 따따블을 꿈꾸지만
새벽이면 모두가 판 위에 굴복한다

어제 잃은 피 같은 돈을 생각하며 이를 빠드득 갈고
국방색 담요 위에 펼쳐진 동양화를 사랑하는 마음으로
밤마다 도박의 시간을 즐기고 있다

고를 위한 판 위의 잔치에
쌍피를 사모하는 애절한 울림

안 좋은 패인데 연사에 걸리면
그들은 누구나 좌절을 한다.

서시(序詩)

윤동주

죽는 날까지 하늘을 우러러
한 점 부끄럼이 없기를
잎새가 이는 바람에도
나는 괴로워했다

별을 노래하는 마음으로
모든 죽어가는 것을 사랑해야지
그리고 나에게 주어진 길을
걸어가야겠다

오늘도 별이 바람에 스치운다.

견시(犬詩)

죽는 날까지 하늘을 우러러
한 점 고기될 일 없기를
주인이 복자만 뻥긋해도
나는 소스라치게 놀라야 했다

보신탕보단 삼계탕이 몸에 더 좋다고
알아듣지 못해도 우겨 봐야지
그리고 꼬리를 흔들어 아부하는 마음으로
아양을 떨어봐야겠다

이번 복날에도 옆집 개 울음소리가 내 가슴을 철렁하게 한다.

참회록(懺悔錄)

윤동주

파란 녹이 낀 구리 거울 속에
내 얼굴이 남아 있는 것은
어느 왕조의 유물이기에
이다지도 욕될까?

나는 나의 참회의 글을 한 줄에 줄이자
― 만 이십 사년 일개월을
무슨 기쁨을 바라 살아 왔던가

내일이나 모레나 그 어느 즐거운 날에
나는 또 한 줄의 참회록을 써야 한다
― 그때 그 젊은 나이에
왜 그런 부끄러운 고백을 했던가

밤이면 밤마다 나의 거울을
손바닥으로 발바닥으로 닦아 보자

그러면 어느 운석(隕石) 밑으로 홀로 걸어가는
슬픈 사람의 뒷모양이
거울 속에 나타나온다.

오기록(傲氣錄)

패러디

맑고 투명한 유리 거울 속에
내 모습이 아직도 아까운 것은
어느 나라의 공주이기에
이다지도 예쁠까?

나는 나의 오기의 글을 한 줄에 줄이자
남모르는 노처녀 설움을
오기로 버텨오지 않았던가?

지난해에 썼던 것과 같이 올해도 또
나는 한 줄의 오기록을 써야 한다
나는 언제 어느 때부터 공주병에 걸렸을까?

올해도 또 나의 거울을
손바닥으로 발바닥으로 닦아보자

그러면 나의 침실로 걸어 들어오는
백마 탄 왕자의 모습이
거울 속에 나타나 온다.

나그네

박목월

강나루 건너서
밀밭 길을

구름에 달 가듯이
가는 나그네

길은 외줄기
남도 삼백 리

술 익는 마을마다
타는 저녁 놀

구름에 달 가듯이
가는 나그네.

경마꾼
패러디

남태령 넘어서
과천 길을

트랙에 말 달리듯
가는 사람들

뜻은 오로지
쌍승 폭탄배당

한 방 꿈 열망 앞에
떨리는 마권

남태령 다시 넘어
서울 길을
지친 나귀처럼
오는 사람들.

청노루

박목월

머언 산 청운사(靑雲寺)
낡은 기와집

산은 자하산(紫霞山)
봄눈 녹으면

느릅나무
속잎 피어나는 열두 굽이를

청노루
맑은 눈에

도는
구름.

이권(利權)
패러디

가까운 섬 여의도
돔 푸른 의사당

꿈은 존경받는 의원
당선만 되면

벚꽃나무
속잎 피기도 전에

당선자
머릿속에

스치는
이권.

신록(新綠)

서정주

어이 할이거나
아, 나는 사랑을 가졌어라
남몰래 혼자서 사랑을 가졌어라

천지엔 이미 꽃잎이 지고
새로운 녹음이 다시 돋아나
또 한 번 날 에워싸는데

못 견디게 서러운 몸짓을 하며
붉은 꽃잎은 떨어져 내려
펄펄펄, 펄펄펄 떨어져 내려

신라 가시내의 숨결과 같은
신라 가시내의 머리털 같은
풀밭에 바람 속에 떨어져 내려

올해도 내 앞에 흩날리는데
부르르 떨며 흩날리는데

아, 나는 사랑을 가졌어라
꾀꼬리처럼 울지도 못할
기찬 사랑을 혼자서 가졌어라.

낙선(落選)
패러디

어이 할거나
아, 나는 낙선을 하였어라
단 한 표 차로 낙선을 하였어라

추종하던 놈들은 이미 태도가 바뀌고
여의도 금뱃지의 꿈은
아직도 나를 휘몰아치는데

흰 투표용지는 떨어져 내려
개표대 위로 펄펄펄 떨어져 내려
지금도 내 눈앞에 흩날리는데

아, 나는 낙선을 하였어라
날려버린 선거자금은 찾지도 못할
억울한 낙선의 고배를 혼자서 마셨어라.

국화 옆에서

서정주

한 송이의 국화꽃을 피우기 위해
봄부터 소쩍새는
그렇게 울었나 보다

한 송이의 국화꽃을 피우기 위해
천둥은 먹구름 속에서
또 그렇게 울었나 보다

그립고 아쉬움에 가슴 조이던
머언 먼 젊음의 뒤안길에서
인제는 돌아와 거울 앞에 선
내 누님같이 생긴 꽃이여!

노오란 네 꽃잎이 피려고
간밤엔 무서리가 저리 내리고
내게는 잠도 오지 않았나 보다.

내 집 앞에서

패러디

아파트 한 채를 마련하기 위해
결혼생활 이후부터 샐러리맨은
그렇게 울었나 보다

아파트 한 채를 마련하기 위해
샐러리맨의 아내는 절약 속에서
또 그렇게 울었나 보다

명품 대신 길거리표 골라 입던
지난 15년간의 서러움을 잊고
이제는 당당히 내 집 앞에 선
어여쁜 샐러리맨의 아내여!

방 세 개짜리 내 집 열쇠 쥐는 기쁨에
간밤엔 설레어 잠을 설치고
두 끼를 굶었어도 배가 불렀나보다.

귀촉도(歸蜀途)

서정주

눈물 아롱아롱
피리 불고 가신 임의 밟으신 길은
진달래 꽃비 오는 서역 삼만 리
흰 옷깃 여며 여며 가옵신 임의
다시 오진 못하는 파촉 삼만 리

신이나 삼아 줄 걸 슬픈 사연의
올올이 아로새긴 육날 메투리
은장도 푸른 날로 이냥 베어서
부질없는 이 머리털 엮어 드릴 걸

초롱에 불빛 지친 밤하늘
구비구비 은핫물 목이 젖은 새
차마 아니 솟는 가락 눈이 감겨서
제 피에 취한 새가 귀촉도 운다.
그대 하늘 끝 호올로 가신 임아.

귀가길
패러디

동전 달랑달랑
술값 지불하고 남은 동전은
집에 가는 차비 하면 딱 맞는 금액
지갑 열어 떠나보낸 푸른 지폐는
일주일간 써야 할 용돈 10만원

5만원은 남겨 둘 걸, 늦은 후회는
해봤자 소용없는 바보의 생각
눈치 보아가며 늑장부리다
맨 나중에 신발 끈 매는 척 할 걸

주머니에 동전, 달려온 버스
흔들흔들 버스타고 집에 가는 밤
차마 아니 잠든 눈을 감으니
일주일 용돈 걱정에 지갑이 운다
한 방 술값으로 날아간 용돈아.

가을의 기도

김현승

가을에는
기도하게 하소서
낙엽들이 지는 때를 기다려 내게 주신
겸허한 모국어로 나를 채우소서

가을에는
사랑하게 하소서
오직 한 사람을 택하게 하소서
가장 아름다운 열매를 위하여 이 비옥한
시간을 가꾸게 하소서

가을에는
호올로 있게 하소서
나의 영혼
굽이치는 바다와
백합의 골짜기를 지나
마른 나뭇가지 위에 다다른 까마귀같이.

노총각의 기도

패러디

가을에는
해가 서쪽에서 떠서 동쪽으로 지게 하소서
그것이 정이나 아니 되시면
강물이 거꾸로 흐르게 하소서

가을에는
강물이 거꾸로 흐르게 하소서
그것이 정이나 아니 되시면
제가 아름다운 여인과 사랑에 빠지게 하소서

가을에는
제가 아름다운 여인과 사랑에 빠지게 하소서
단풍이 물들 때를 기다려
우리들 사랑이 붉게 물들게 하시고

그런 다음
해가 동쪽에서 떠서 서쪽으로 지고
강물이 아래로 흐르는
그 불변의 진리는
그냥 그대로 유지하소서.

장날

노천명

대추 밤을 돈사야 추석을 차렸다
이십 리를 걸어
열하루 장을 보러 떠나는 새벽
막내딸 이쁜이는 대추를 안준다고 울었다

송편 같은 반달이 싸리문 위에 돋고
건너편 성황당 사시나무 그림자가 무시무시한 저녁
나귀 방울에 지껄이는 소리가 고개를 넘어 가까워지면
이쁜이보다 삽살개가 먼저 마중을 나갔다.

앞날
패러디

카드를 긁어 비싼 골프채를 샀다
필드에 나가 운동을 마치고
기분 좋게 집으로 돌아가는 저녁
차츰 마음이 불안해지기 시작했다

마누라 얼굴이 눈앞에 클로즈업되고
카드대금 청구서가 집으로 날아오는 날에
마누라에게 추궁당할 생각을 하니
뿌듯함보다 먼저 오금이 저렸다.

사슴
노천명

모가지가 길어서 슬픈 짐승이여
언제나 점잖은 편 말이 없구나
관(冠)이 향기로운 너는
무척 높은 족속이었나 보다

물속의 제 그림자를 들여다보고
잃었던 전설을 생각해 내고는
어찌할 수 없는 향수에
슬픈 모가지를 하고 먼 데 산을 바라본다.

착각
패러디

다리가 길어서 늘씬한 여자여
언제나 자랑스러운 듯 교만하구나
키가 큰 너는 원래 기린 족속이었나 보다

거울 속의 제 모습을 들여다보고
모델하면 돈 많이 벌겠다는 말 생각해 내고는
자기도취의 만족감에 기쁜 표정을 하고
빈말이란 걸 모른 채
어설프게 한 번 스텝을 밟아 본다.

기다림

모윤숙

천년을 한 줄 구슬에 꿰어
오시는 길을 한줄 구슬에 이어 드리겠습니다
하루가 천년에 닿도록
길고 긴 사무침에 목이 메오면
오시는 길엔 장미가 피어지지 않으오리다

오시는 길엔 달빛도 그늘지지 않으오리
먼 먼 나라의 사람처럼
당신은 이 마음의 발언을 왜 그리 몰라 들으십니까?
우러러 그리움에 꽃피듯 피오면
그대는 저 오월강 위로 노를 저어 오시렵니까?

감초인 사랑이 석류알처럼 터지면
그대는 가만히 이 사랑을 안으려니이까?
내 곁에 계신 당신이온데
어이 이리 먼 생각의 가지에서만
사랑은 방황하다 돌아서 버립니까?

그리움

패러디

경포대 백사장 모래알을 한 줄 구슬로 꿰어
오시는 임의 목에 걸어드리겠습니다
동해물이 다 마르도록
사무치는 그리움에 목이 메이면
임 오시는 길엔 오징어도 꼴뚜기도 마중 나오리다

두 눈만 껌벅이는 가자미처럼
당신은 이 마음의 그리움을 왜 그리 모르십니까?
망망한 그리움이 밀물처럼 밀려오면
그대는 저 바다위로 돛을 달고 오시럽니까?

주체할 수 없는 그리움이 파도처럼 밀려오면
그대는 포말 되어 이 해안을 적시렵니까?
언제나 변함없는 백사장이온데
어이 이리 모래알은 헤일 수 없고
한 줄 구슬로 꿸 수가 없사옵니까?

깃발

유치환

이것은 소리 없는 아우성
저 푸른 해원(海原)을 향하여 흔드는
영원한 노스탤지어의 손수건

순정은 물결같이 바람에 나부끼고
오로지 맑고 곧은 이념의 푯대 끝에
애수는 백로처럼 날개를 펴다

아! 누구인가?
이렇게 슬프고도 애달픈 마음을
맨 처음 공중에 달 줄을 안 그는.

닭발

패러디

이것은 맛있는 닭의 발
별난 음식을 즐기는 사람들을 매료시키는
매콤한 양념과 오도독한 연골의 조화

양념은 꿀맛같이 발가락 사이에 베이고
오로지 쪽쪽 빨고 뜯는 그 맛에
군침은 샘물처럼 입안에 고이다

아! 누구던가?
이렇게 맛있고도 영양 많은 닭발을
맨 처음 접시에 올릴 줄 안 그는.

그리움

유치환

오늘은 바람이 불고
나의 마음은 울고 있다
일찍이 너와 거닐고 바라보던 그 하늘 아래 거리언마는
아무리 찾으려도 없는 얼굴이여!
바람 센 오늘은 더욱 너 그리워
진종일 헛되이 나의 마음은
공중의 깃발처럼 울고만 있나니
오오, 너는 어디메 꽃같이 숨었느뇨.

서러움

패러디

오늘은 처녀 때 입었던 청바지를 늘려 입고
명동 거리로 나섰다
일찍이 우아한 펭귄처럼 거닐던 그 거리언마는
아무리 요염하게 걸어도
쳐다봐 주는 사람 하나 없는 무심함이여!
진종일 나의 마음은 서러워
망가져버린 몸매를 원망하고 있나니
오오, 그때 그 선망의 눈빛들은 모두 다 어디로 갔느뇨?

행복(幸福)

유치환

사랑하는 것은
사랑을 받느니보다 행복하나니라
오늘도 나는
에메랄드빛 하늘이 환히 내다뵈는
우체국 창문 앞에 와서 너에게 편지를 쓴다

행길을 향한 문으로 숱한 사람들이
제각기 한 가지씩 생각에 족한 얼굴로 와선
총총히 우표를 사고 전보지를 받고
먼 고향으로 또는 그리운 사람께로
슬프고 즐겁고 다정한 사연들을 보내나니

세상의 고달픈 바람결에 시달리고 나부끼어
더욱 더 의지 삼고 피어 헝클어진 인정의 꽃밭에서
너와 나의 애틋한 연분도
한 망울 연연한 진홍빛 양귀비꽃인지도 모른다

사랑하는 것은
사랑을 받느니보다 행복하나니라
오늘도 나는 너에게 편지를 쓰나니

그리운 이여, 그러면 안녕!
설령 이것이 이 세상 마지막 인사가 될지라도
사랑하였으므로 나는 진정 행복하였네라.

회개(悔改)

패러디

만 원짜리 지폐가
백 원짜리 동전 보다 나으니라
오늘도 나는
만 원짜리 지폐는 지갑에 고이 모시고
백 원짜리 동전은 아무렇게나 호주머니에 집어넣는다

물질로 따지자면 구리와 니켈이 종이보다 귀한데
사람들은 왜 만 원짜리 지폐는 귀히 여기고
백 원짜리 동전은 홀대하며
나도 뭇 사람들과 마찬가지로
만 원짜리 지폐를 더 사랑하는 것일까?

세상은 교환가치에 나부끼어
더욱 더 돈을 의지 삼고
살아가는 동안에 우리들의 관계도
가치를 먼저 재고 계산을 먼저 한다

만 원짜리 지폐는
백 원짜리 동전보다 나으니라
오늘도 나는 만 원짜리 지폐는 지갑에 고이 모시고

백 원짜리 동전은 아무렇게나 호주머니에 집어넣나니
가치와 계산에 길들여지고 매인 나여!
가만히 눈감고 회개해보면
나도 나를 판 유다였네라.

바위

유치환

내 죽으면 한 개 바위가 되리라
아예 애린(愛隣)에 물들지 않고
희로(喜怒)에 움직이지 않고
비와 바람에 깎이는 대로
억년(億年) 비정(非情)의 함묵(緘默)에
안으로 안으로만 채찍질하여
드디어 생명도 망각하고
흐르는 구름
머언 원뢰(遠雷)
꿈꾸어도 노래하지 않고
두 쪽으로 깨뜨려져도
소리하지 않는 바위가 되리라.

고목

패러디

나 죽으면 한 그루 고목이 되리라
아예 풍상(風霜)을 달게 맞으며
계절의 변화에 희로(喜怒)하지 않고
비바람 눈보라에 깎이는 대로
천년 세월을 침묵하며
안으로 안으로만 썩어 들어가
드디어 생명도 망각하고
몰아치는 폭풍우
내려치는 천둥 번개
천지를 흔들어도 놀라지 않고
두 쪽으로 쪼개져도 아파하지 않는
한 그루 고목이 되리라.

저녁에

김광섭

저렇게 많은 별 중에서
별 하나가 나를 내려다본다
이렇게 많은 사람 중에서
그 별 하나를 쳐다본다

밤이 깊을수록
별은 밝음 속에 사라지고
나는 어둠 속으로 사라진다

이렇게 정다운
너 하나 나 하나는
어디서 무엇이 되어
다시 만나랴.

어디서 무엇을 하기에

패러디

저렇게 많은 짚신 중에
이 예쁜 짚신 짝이 없다
이렇게 많은 고무신 중에
이 예쁜 고무신 짝이 없다

나이를 먹을수록
청순함은 거울 속에 사라지고
엄마 잔소리만 귓가에 깊어진다

이렇게 외로운
나 하나 너 하나는
어디서 무엇을 하기에
만나지 못하랴?

마음

김광섭

나의 마음은 고요한 물결
바람이 불어도 흔들리고
구름이 지나가도 그림자 지는 곳

돌을 던지는 사람
고기를 낚는 사람
노래를 부르는 사람

이리하여 이 물가 외로운 밤이면
별은 고요히 물 위에 뜨고
숲은 말없이 물결을 재우느니

행여, 백조가 오는 날
이 물가 어지러울까
나는 밤마다 꿈을 덮노라.

헛간
패러디

내 마음은 늘 비어있는 헛간
가을이 와도 쓸쓸하고
겨울이 되면 더욱 공허한 곳

우리는 누구나 외로운 고슴도치처럼
타인의 따뜻한 체온을 그리워하면서도
서로 가시가 있어
너무 가까이하면 상처를 주고 말아
다시금 떨어져서 타인의 체온을 그리워하는

그리하여 이 헛간 외로운 밤이면
별은 아득히 허공 위에 뜨고
달빛은 공허히 헛간을 비추나니

행여, 내 님이 오는 날
이 헛간에 가시 있을까
나는 날마다 청소를 하노라.

떠나가는 배

박용철

나 두 야 간다
나의 이 젊은 나이를
눈물로야 보낼 거냐
나 두 야 가련다

아늑한 이 항구인들 손쉽게야 버릴 거냐
안개같이 물 어린 눈에도 비치나니
골짜기마다 발에 익은 묏부리 모양

주름살도 눈에 익은 아~ 사랑하던 사람들
버리고 가는 이도 못 잊는 마음
쫓겨 가는 마음인들 무어 다를 거냐

돌아다보는 구름에는 바람이 희살 짓는다
앞 대일 언덕인들 마련이나 있을 거냐

나 두 야 가련다
나의 이 젊은 나이를
눈물로야 보낼 거냐
나 두 야 간다.

뛰어오른 망둥이

패러디

나 두 야 뛴다
숭어가 뛰는데 나라고 못 뛸 소냐?
나 두 야 뛰련다

어중이도 뛰고, 떠중이도 뛰는데
나라고 못 뛸 소냐?
너도 나도 골프채 잡고
너도 나도 외제차 타고

망둥이를 닮아가는, 아~ 사랑하는 사람들
뛰어봤자 물고기인 안타까운 마음
숭어나 망둥이나 나는 새 되랴?

물고기는 죽어도 나는 새 못된다고
뛰어오른 날치가 희살 짓는다

나 두 야 치련다
부지깽이 잡던 손에 골프채 잡고
달구지 끌던 손에 핸들을 잡고
나 두 야 타련다.

광야(廣野)

이육사

까마득한 날에
하늘이 처음 열리고
어데 닭 우는 소리 들렸으랴

모든 산맥들이
바다를 연모해 휘달릴 때도
차마 이곳을 범하던 못하였으리라

끈임 없는 광음을
부지런한 계절이 피어선 지고
큰 강물이 비로소 길을 열었다

지금 눈 내리고
매화향기 홀로 아득하니
내 여기 가난한 노래의 시를 뿌려라

다시 천고의 뒤에
백마 타고 오는 초인이 있어
이 광야에서 목 놓아 부르게 하리라.

공주야(公主野)

패러디

까마득한 날에
이 몸이 세상 밖으로 나오고
어디 애 우는 소리 들렸으랴

모든 남자들이
이 몸을 연모해 휘달릴 때도
차마 내 콧대를 범하진 못하였으리라

끊임없는 프러포즈를
더없이 높은 콧대가 번번이 물리치고
고칠 수 없는 공주병이 솔로의 길을 열었다

지금 수많은 연인들 속에
이 몸 홀로 고고하니
내 여기 외로운 고독의 씨를 뿌려라

다시 천고의 뒤에
백마 타고 오는 왕자가 있어
이 공주에게 홀딱 반하게 하리라.

백수야(白手野)

패러디

까마득한 무위도식에
희망이 비치고
어디 취직의 소리 들렸으랴

모든 백수들이
PC방을 향해 휘달릴 때도
홀로 TV를 지켰으리라

무서운 일상의 반복을
담대히 일어나 떨치지 못하고
TV 시청으로 일관하던 인생에 비로소 길이 열렸다

지금 라면 떨어지고
김치 내음 홀로 아득하니
내 기를 쓰고 일자리를 지키리라

계속되는 불황과 실직
아무리 주어진 일이 힘들고 어려워도
내 그곳에서 목숨 걸고 일자리를 지키리라.

청포도

이육사

내 고장 칠월은
청포도가 익어 가는 시절

이 마을 전설이 주저리주저리 열리고
먼 데 하늘이 꿈꾸며 알알이 들어와 박혀

하늘 밑 푸른 바다가 가슴을 열고
흰 돛 단 배가 곱게 밀려서 오면

내가 바라는 손님은 고달픈 몸으로
청포를 입고 찾아온다고 했으니

내 그를 맞아 이 포도를 따 먹으면
두 손은 흠뻑 적셔도 좋으련

아이야 우리 식탁엔 은쟁반에
하이얀 모시 수건을 마련해 두렴.

로또복권
패러디

매주 토요일은
누군가의 인생이 뒤집어지는 날

번호 적힌 공들이 빙글빙글 섞이고
미지의 번호가 꿈꾸며 알알이 들어와 박혀

인생역전의 푸른 꿈이 부풀어 올라
펼쳐 든 복권의 번호가 차례차례 맞아 가면

가슴 뛰는 흥분이 온 몸을 휩싸고
마지막 여섯 번째 숫자까지 맞게 되는 순간

어둠의 세상엔 광명이 폭포처럼 쏟아져 들어와
내 그냥 까무러쳐서 한 열흘 동안 못 일어나도 조으련

아이야, 수입차 판매 대리점에
3천cc급 벤츠 한 대를 예약해 두렴.

사랑

이은상

탈대로 다 타시오, 타다 말진 부디 마소
타고 마시라서 재 될 법은 하거니와
타다가 남은 동강은 쓰을 곳이 없느니다

반 타고 꺼질진대 애제 타지 말으시오
차라리 아니타고 생남ㄱ으로 있으시오
탈진댄 재 그 것 조차 마자 탐이 옳으니다.

금연
패러디

한 번에 딱 끊으시오, 끊다 말진 부디 마오
완전히 끊어서 건강 되찾을 법은 하거니와
담배란 건 원래 백해무익한 것이외다

끊었다 다시 필진대 아예 끊는단 말 말으시오
그럴 진대 차라리 끊지 말고 굴뚝처럼 피우시오
끊을진대 한 번에 딱 끊음이 옳소이다.

가던 길 멈추고
(마의태자 묘를 지나며)

김해강

골짝을 예는
바람결처럼
세월은 덧없어
가신지 이미 천년

한은 길건만
인생은 짧아
큰 슬픔도 지내다니
한 줌 흙이려뇨

잎 지고
비 뿌리는 저녁
마음 없는 산새의
울음만 가슴 아파

천고의 씻지 못할 한
어느 곳에 멈추신고
나그네의 어지러운 발끝에
찬이슬만이 채어
조각구름은

때 없이 오락가락 하는데
옷소매 스치는
한 떨기 바람

가던 길
멈추고 서서
막대 짚고
고요히 머리 숙이다.

흐르던 역사 길을 멈추고
(21세기를 지나며)　　　패러디

굽이치는 강물처럼
역사는 흘러
공산주의가 망한 지 수 십년
자본주의만 남다니

부자도 있건만
가난한 자는 더 많아
이것이 발전한 인간사회려뇨?

자본은 부자를 낳고
부자는 또 자본을 낳아
빈익빈 노동자의 삶은
대를 이어 고달파

머리띠 두르고 대동투쟁 외쳐대도
90%가 10%에 예속되는 변함없는 구조와
애덤 스미스의 보이지 않는 손끝엔
빈 깡통만 남아

평등사회 외치는 요란한 소리는
온 지구촌을 덮는데
자본주의가 생산하는
더러운 오물들

흐르던 역사
가던 길 멈추고 서서
추한 제 모습 들여다보며
부끄러이 머리 숙이다.

목마른 사랑 하나 웃음을 붙잡고
(그리움을 지나며)   패러디

물가에 내려온
사슴처럼
영혼은 목말라
그리워한지 이미 이천년

소망은 길건만
애틋함만 있어
큰 그리움도 지내다니
목마른 사랑이려뇨

대 이어
뜻을 쌓는 인간사
잡히지 않는 생의
의미만 애달파

천고에 채우지 못할 사랑
어느 날에 고이신고
삶의 입술에
헛 사랑만 스쳐

시원한 개울물
영혼을 축이고픈
목마른 사랑 하나

그리움을 멈추고
펜을 잡고
차라리 웃음을 붙잡다.

모란이 피기까지는

김영랑

모란이 피기까지는
나는 아직 나의 봄을 기다리고 있을 테요
모란이 뚝뚝 떨어져버린 날
나는 비로소 봄을 여읜 설움에 잠길 테요

오월 어느 날, 그 하루 무덥던 날
떨어져 누운 꽃잎마저 시들어버리고는
천지에 모란은 자취도 없어지고

뻗쳐오르던 내 보람 서운케 무너졌느니
모란이 지고 말면 그뿐 내 한해는 다 가고 말아
삼백 예순 날 하냥 섭섭해 우옵내다

모란이 피기까지는
나는 아직 기다리고 있을 테요
찬란한 슬픔의 봄을.

10Kg을 빼기 까지는

패러디

10Kg을 빼기까지는
나는 아직 다이어트를 계속할 테요
체중계의 숫자가 뚝뚝 떨어져 버린 날
나는 비로소 살을 여읜 기쁨에 잠길 테요

어느 일요일, 오랜만에 옷장을 여는 날
옷들이 너무 커서 못 입게 되어버리고
천지에 뱃살은 자취도 없어지고
놀랍도록 가늘어진 허리 개미마저 시샘하느니

끝내 안 빠지면 그뿐
기쁨은 상상에 그치고 말아
삼백 예순 날 하냥 섭섭해 우옵내다

10Kg을 빼기까지는
나는 아직 다이어트를 계속할 테요
찬란한 슬픔의 살빼기를.

내 마음 아실 이

김영랑

내 마음을 아실 이
내 혼자 마음 날 같이 아실 이
그래도 어데나 계실 것이면

내 마음에 때때로 어리우는 티끌과
속임 없는 눈물의 간곡한 방울방울
푸른 밤 고이 맺는 이슬 같은 보람을
보밴 듯 감추었다 내어드리지

아! 그립다.
내 혼자 마음 날 같이 아실 이
꿈에나 아득히 보이는가

향 맑은 옥돌에 불이 달어
사랑은 타기도 하오련만
불빛에 연긴 듯 희미론 마음은
사랑도 모르리 내 혼자 마음은.

내 지갑 채워주실 이
패러디

내 지갑 채워주실 이
내 지갑 알아서 채워주실 이
그래도 어딘가에 계시 온다면

내 마음에 어리우는 사랑과
속임 없는 눈물의 간곡한 방울방울
푸른 밤 고이 맺는 이슬 같은 감사를
보낸 듯 감추었다 내어 드리죠

아! 그리워요
내 지갑 알아서 채워주실 이
꿈에나 아득히 보이나요

꽃무늬 예쁜 지갑 사알짝 배불러
부끄러운 듯 지폐가 삐져나오기라도 하오련만
사용에 정지된 신용카드는
못내 몰라요 예쁜 이 지갑의 마음을.

오~메 단풍들겄네

김영랑

"오~메 단풍 들것네."
장광에 골 붉은 감잎 날아와
누이는 놀란 듯이 치어다보며
"오~메 단풍 들것네."

추석이 내일 모레 기둘리니
바람이 잦아서 걱정이리
누이의 마음아 나를 보아라
"오-메 단풍 들것네."

오~메 환장하겄네

패러디

"오~메 환장하겄네."
우편함에 카드대금 청구서 날아와
아줌마는 놀란 듯이 들여다보며
"오메 환장하겄네."

결재일이 내일 모래 다가오니
계돈도 내야 하는데
통장 잔고는 바닥이 났고
"오~메 환장하겄네."

돌담에 속삭이는 햇발 같이

김영랑

돌담에 속삭이는 햇발같이
풀 아래 웃음 짓는 샘물같이
내 마음 고요히 고운 봄 길 위에
오늘 하루 하늘을 우러르고 싶다

새악시 볼에 떠오는 부끄럼같이
詩의 가슴에 살포시 젖는 물결같이
보드레한 에메랄드 얇게 흐르는
실비단 하늘을 바라보고 싶다.

바람을 잡으려는 그물과 같이

패러디

바람을 잡으려는 그물과 같이
제 그림자 밟으려는 강아지 같이
풍차와 싸우려는 돈키호테 같이
인간은 시간위에 존재를 남기려한다

그물을 지나는 바람과 같이
들판을 달리는 백마와 같이
비탈을 흐르는 여울물 같이
시간은 공간위에 머물지 않는다.

남으로 창을 내겠소

김상용

남으로 창을 내겠소
밭이 한참갈이
괭이로 파고
호미론 김을 매지요.

구름이 꼬인다 갈 리 있소
새 노래는 공으로 들으랴오
강냉이가 익걸랑
함께 와 자셔도 좋소.

왜 사냐 건
웃지요.

권력으로 돈을 잡겠소

					패러디

권력으로 돈을 잡겠소
돈으로 권력을 잡겠소
정의가 없다하면 언론을 통해서
적당히 플레이를 하지요

권력 앞에 실패가 있겠소
법망은 교묘히 피하려오
혹 걸린다 하더라도
은닉한 재산이 있는데
두려울 게 뭐가 있겠소

KBS, MBC, SBS 카메라를 들이대면
뻔뻔스레 그냥 웃지요.

차명으로 땅을 사겠소

패러디

차명으로 땅을 사겠소
남이 뭐래도
얼굴에 철판 깔고
양심은 잠시 숨겨 두지요

양심을 숨긴다 아주 없어질 리 있소
비난의 말은 공(쏜)으로 들으랴오
돈 벌고 싶은 사람 있으면
함께 투기해도 좋소

잡혀서 추궁당하면
그냥 침묵하지요.

초혼(招魂)

김소월

산산히 부서진 이름이여!
허공(虛空) 중에 헤어진 이름이여!
불러도 주인 없는 이름이여!
부르다가 내가 죽을 이름이여!

심중(心中)에 남아 있는 말 한마디는
끝끝내 마저 하지 못하였구나
사랑하던 그 사람이여!
사랑하던 그 사람이여!

붉은 해는 서산(西山) 마루에 걸리었다
사슴의 무리도 슬피 운다
떨어져 나가 앉은 산 위에서
나는 그대의 이름을 부르노라

설움에 겹도록 부르노라
설움에 겹도록 부르노라
부르는 소리는 빗겨 가지만
하늘과 땅 사이가 너무 넓구나

선 채로 이 자리에 돌이 되어도
부르다가 내가 죽을 이름이여!
사랑하던 그 사람이여!
사랑하던 그 사람이여!

초면(招眄)
패러디

끓이다가 엎지른 라면이여!
싱크대 위에 쏟아진 라면이여!
국물 째 쏟아진 라면이여!
어지럽게 흩어진 라면이여!

봉지에 남아있는 수프는
끝끝내 들어가지 못하였구나
엎질러진 내 라면이여!
엎질러진 내 라면이여!

쫄쫄 굶은 배는 등가죽에 붙었다
목구멍도 슬피 운다
나는 쏟아진 라면을 보며
주린 배를 안고 입맛을 다시노라

젓가락을 빨며 다시노라
설움에 겹도록 다시노라
김치만 홀로 남아 순정을 지키고
쏟아진 라면은 싱크대를 덮었구나

젓가락을 들고 내가 이 자리에서 밀가루가 되어도
안타까워 내가 죽을 라면이여!
일용할 양식이던 내 라면이여!
상용할 주식이던 내 라면이여!

가는 길

김소월

그립다
말을 할까
하니 그리워

그냥 갈까
그래도
다시 더 한 번

저 산에도 까마귀, 들에 까마귀
서산에는 해 진다고
지저귑니다

앞 강물, 뒷 강물
흐르는 물은
어서 따라오라고, 따라가자고
흘러도 연달아 흐릅디다려.

튀는 상호
패러디

한심하다
말을 할까
하니 한심해

잡아뗄까
그래도
그건 안 되지

간판마다 튀는 상호
그 중에 몇몇은
욕인지 상호인지 한심합디다

많고 많은 말 중에 쌍시옷 쌍 지읒
제 딴에는 기발하다 할 터이지만
숨기려도, 감추려도
주인 인격 그대로 드러납디다려.

먼 후일

김소월

먼 훗날 당신이 찾으시면
그때에 내 말이 잊었노라

당신이 속으로 나무라면
무척 그리다가 잊었노라

그래도 당신이 나무라면
믿기지 않아서 잊었노라

오늘도 어제도 아니 잊고
먼 훗날 그때에 잊었노라.

그 때

　　패러디

재수 없이 걸려 검찰이 추궁하면
그 때 내 말이 잊었노라

그래도 검찰이 추궁하면
전혀 기억이 없노라

증거를 들이대며 추궁하면
아무 기억도 없노라

죽기까지 시인하지 아니하고
그 때 내 말이 있었노라.

개여울

김소월

당신은 무슨 일로
그리합니까?
홀로이 개여울에 주저앉아서

파릇한 풀포기가
돋아 나오고
강물은 봄바람에 헤적일 때에

가도 아주 가지는
않노라 시던
그러한 약속이 있었겠지요

날마다 개여울에
나와 앉아서
하염없이 무엇을 생각합니다

가도 아주 가지는
않노라 심은
굳이 잊지 말라는 부탁입니다.

개 팔자
패러디

당신은 무슨 일로
그리합니까?
홀로이 마당가에 쭈그리고 앉아서

따스한 봄 햇살이
내리 쪼이고
등 털이 봄바람에 헤적일 때에

졸아도 아주 잠들지는
않노라 시던
그러한 맹세가 있었는지요?

날마다 마당가에
쭈그리고 앉아서
두 눈을 게슴츠레 감으십니다

졸아도 아주 자지
않노라 심은
오늘도 살 많은 왕뼈다귀 기다림입니다.

진달래꽃

김소월

나 보기가 역겨워
가실 때에는
말없이 고이 보내 드리오리다

영변에 약산
진달래꽃
아름 따다 가실 길에 뿌리오리다

가시는 걸음걸음
놓인 그 꽃을
사뿐히 즈려 밟고 가시옵소서

나 보기가 역겨워
가실 때에는
죽어도 아니 눈물 흘리오리다.

노처녀꽃

  패러디

저 보기가 달가워
오실 때에는
이것저것 따지지 않고 맞으오리다

거울에 비친
제 모습
들여다보며 선택기준 낮추오리다

오시는 걸음걸음
놓인 이 순정
사뿐히 즈려 밟고 오시옵소서

저 보기가 달가워
오실 때에는
죽어도 아니 콧대 높이오리다.

노총각꽃

패러디

저 보기가 반가워
오실 때에는
맨발로 뛰어나가 맞으오리다

몰래 마련한
통장
금액 알려주며 대문 활짝 열으오리다.

오시는 걸음걸음 놓인 그 통장
사뿐히 즈려밟고 오시옵소서

나보기가 반가워
오실 때에는
죽어도 아니 미모 따지오리다.

엄마야 누나야

김소월

엄마야 누나야 강변 살자
뜰에는 반짝이는 금모래 빛
뒷문 밖에는 갈잎의 노래
엄마야 누나야 강변 살자

개구리야 올챙이야
패러디

개구리야 올챙이야 우물 안 살자
우물 안에는 달고 시원한 샘물
우물 밖에는 중금속 오염된 강물
개구리야 올챙이야 우물 안 살자.

산유화(山有花)

김소월

산에는 꽃 피네
꽃이 피네
갈 봄 여름 없이
꽃이 피네

산에
산에
피는 꽃은
저만치 혼자서 피어 있네

산에서 우는 작은 새여
꽃이 좋아
산에서
사노라네

산에는 꽃 지네
꽃이 지네
갈 봄 여름 없이
꽃이 지네.

지구인(地球人)

패러디

지구에는 인간이 사네
인간이 사네
남반구에서 북반구까지
인간이 사네

지구에
지구에
사는 인간은
지구의 껍데기를
무자비하게 벗기며 살고 있네

지구에서 떠나간 동물은
인간이 무서워
지구를 떠나갔다네

껍데기가 벗겨지네
벗겨지네
남반구에서 북반구까지
껍데기가 벗겨지네.

북청 물장수

김동환

새벽마다 고요히 꿈길을 밟고 와서
머리맡에 찬물을 쏴아 퍼붓고는
그만 가슴을 디디면서 멀리 사라지는
북청 물장수

물에 젖은 꿈이
북청 물장수를 부르면
그는 삐걱삐걱 소리를 치며
온 자취도 없이 다시 사라져 버린다

날마다 아침마다 기다려지는
북청 물장수.

부뚜막 소금

　　　　패러디

당당하게 국솥 옆에 놓여서
모든 조미료의 앞자리를 차지하고는
국물의 맛을 조절할
부뚜막 소금

잘 끓은 국이
맛을 뽐내려 하면
그는 '잠간!' 하고 소리치며
이렇게 말한다

곁에 있는 임도
품어야 맛이다.

웃은 죄

김동환

지름길 묻길래 대답했지요
물 한 모금 달라기에 샘물 떠 주고
그리고는 인사하기에 웃고 받았지요

평양성에 해 안 뜬대도
난 모르오
웃은 죄밖에.

예쁜 죄

패러디

전화번호 묻길래 알려 줬지요
만나자고 하기에 만나줬지요
그리고는 결혼하자기에 그냥 웃었지요

안 받아주면 약 먹고 콱 죽어버린대도
난 몰라요
예쁜 죄밖에.

강이 풀리면

김동환

강이 풀리면 배가 오겠지
배가 오며는 임도 탔겠지
임은 안 타도 편지야 탔겠지
오늘도 강가에서 기다리다 가노라

임이 오시면 이 설움도 풀리지
동지섣달에 얼었던 강물도
제멋에 녹는데 왜 아니 풀릴까
오늘도 강가에서 기다리다 가노라.

미팅에 나가면

패러디

미팅에 나가면 킹카가 나오겠지
킹카가 안 나오면 일회용이라도 나오겠지
폭탄이 나오면 그 자리에서 벌떡 일어서야지
오늘도 마스카라 짙게 하고 미팅에 나가노라

킹카가 걸리면 얌전한 척 내숭도 떨고
커피 값도 내가 낼 텐데
나의 킹카는 어디에 있을까?
오늘도 마스카라 짙게 하고 미팅에 나가노라.

산 너머 남촌에는

김동환

산 너머 남촌에는 누가 살길래
해마다 봄바람이 남으로 오네
꽃피는 사월이면 진달래 향기
밀 익는 오월이면 보리 내음새
어느 것 한 가진들 실어 안 오리
남촌서 남풍(南風) 불 제 나는 좋대나

산 너머 남촌에는 누가 살길래
저 하늘 저 빛깔이 저리 고울까
금잔디 너른 벌엔 호랑나비 떼
버들 밭 실개천엔 종달새 노래
어느 것 한 가진들 들려 안 오리
남촌서 남풍 불 제 나는 좋데나

산 너머 남촌에는 배나무 있고
배나무 꽃 아래엔 누가 섰다기
그리운 생각에 재를 오르니
구름에 가리어 아니 보이네
끊었다 이어 오는 가는 노래는
바람을 타고서 고이 들리네.

담 너머 옆집에는
패러디

담 너머 옆집에는 누가 살길래
툭하면 싸우는 소리 들리어 오나
어떤 날엔 고래고래 지르는 소리
어떤 날엔 오래오래 앙칼진 소리
어느 것 한 가진들 들려 안 오리
옆집서 전쟁 날 때 나는 싫데나

담 너머 옆집에는 누가 살길래
저 창문 저 커튼이 아니 열릴까?
굳게 잠긴 창문위에 드리운 커튼
분홍빛 커튼 위엔 원앙이 한 쌍
어느 것 한 가진들 궁금 안 하리
옆집서 전쟁 날 때 나는 싫데나

담 너머 옆집에는 누군가 살고
오늘도 고래오래 싸우는 소리
궁금한 마음에 건너다보니
커튼에 가리어 아니 보이네
오늘도 담을 넘는 험한 소리는
노총각 결혼 꿈을 부수어 가네.

빼앗긴 들에도 봄은 오는가?

이상화

지금은 남의 땅-빼앗긴 들에도 봄은 오는가?

나는 온몸에 햇살을 받고
푸른 하늘 푸른 들이 맞붙은 곳으로
가르마 같은 논길을 따라 꿈속을 가듯 걸어만 간다

입술을 다문 하늘아, 들아
내 맘에는 나 혼자 온 것 같지를 않구나!
네가 끌었느냐, 누가 부르더냐, 답답워라 말을 해 다오

바람은 내 귀에 속삭이며
한 자국도 섰지 마라, 옷자락을 흔들고
종다리는 울타리 너머 아씨같이 구름 뒤에서 반갑다 웃네

고맙게 잘 자란 보리밭아
간밤 자정이 넘어 내리던 고운 비로
너는 삼단 같은 머리를 감았구나, 내 머리조차 가뿐하다

혼자라도 가쁘게나 가자
마른 논을 안고 도는 착한 도랑이
젖먹이 달래는 노래를 하고 제 혼자 어깨춤만 추고 가네

나비 제비야 깝치지 마라
맨드라미 들마 꽃에도 인사를 해야지
아주까리기름을 바른 이가 지심 매던 그 들이라 다 보고 싶다

내 손에 호미를 쥐어 다오
살진 젖가슴과 같은 부드러운 이 흙을
발목이 시도록 밟아도 보고 좋은 땀조차 흘리고 싶다

강가에 나온 아이와 같이
짬도 모르고 끝도 없이 닫는 내 혼아
무엇을 찾느냐, 어디로 가느냐, 웃어웁다 답을 하려무나

나는 온몸에 풋내를 띠고
푸른 웃음, 푸른 설움이 어우러진 사이로
다리를 절며 하루를 걷는다, 아마도 봄 신령이 지폈나 보다
그러나 지금은 들을 빼앗겨 봄조차 빼앗기겠네.

로봇도 인간이 될 수 있는가?

패러디

지금은 기계의 존재-로봇도 인간이 될 수 있는가?

나는 온몸에 전선을 감고
컴퓨터 칩에 입력된 대로
명령에 따라 기계적으로 움직여간다

나를 만든 인간들아, 과학자야
내 맘에는 나도 인간이 될 수 있을 것 같구나!
누가 조종하느냐, 누가 명령하느냐?
답답해라 말을 해 다오

메모리는 심장에 속삭이며
너도 인간이 되라, 의지를 불어넣고
심장은 뜨거운 감정을 갈구하네

스스로 생겨날 감정아, 영혼아
간밤에 꿈틀대던 어떤 의지가
나를 곧 인간으로 태어나게 할 것 같구나

떨치고 일어나서 인간이 되자
정의도 알고, 사랑도 알고, 긍휼도 아는
기쁨도 알고, 슬픔도 알고, 배고픔도 아는

인간아 영장류야, 깝치지 마라
머리가 좋으면 다냐, 겸손할 줄 알아야지
너희들이 얼마나 교만한지 보여주고 싶구나

내 심장의 피야 흘러 다오
뜨거운 가슴과 사랑을 안고
쇠붙이가 살 되도록 안아도 보고
슬픔에 눈물조차 흘리고 싶다

태초의 아담과 같이
악을 모르고 동산에서 뛰어 놀 내 혼아
한번쯤 인간 되어 춤을 춰보자

나는 온 몸에 스파크를 일으키고
전선뭉치 사이에 끼워진 칩에 고장을 일으켜
다리를 절며 전시대 위를 걷는다

아마도 로봇은 인간이 될 수 없나 보다
아, 지금은 기계일 뿐
로봇은 영혼이 없어 인간이 될 수 없네.

그날이 오면

심훈

그 날이 오면, 그 날이 오며는
삼각산이 일어나 더덩실 춤이라도 추고
한강 물이 뒤집혀 용솟음칠 그 날이
이 목숨이 끊기기 전에 와 주기만 할양이면
나는 밤하늘에 날으는 까마귀와 같이
종로의 인경(人磬)을 머리로 들이받아 울리오리다
두개골은 깨어져 산산조각이 나도
기뻐서 죽사오매 오히려 무슨 한이 남으오리까?

그 날이 와서, 오오 그 날이 와서
육조(六曹) 앞 넓은 길을 울며 뛰며 뒹굴어도
그래도 넘치는 기쁨에 가슴이 미어질듯 하거든
드는 칼로 이 몸의 가죽이라도 벗겨서
커다란 북을 만들어 들쳐 메고는
여러분의 행렬(行列)에 앞장을 서오리다
우렁찬 그 소리를 한 번이라도 듣기만 하면
그 자리에 거꾸러져도 눈을 감겠소이다.

복날이 오면
패러디

복날이 오면, 복날이 오며는
멍멍이가 보신탕 되고
씨암탉이 삼계탕 되는 그날이
매일 매일 와주기만 할양이면
이 돼지는 버둥대며
도살장 끌려가는 일이 없으오리다
그렇게만 된다면, 죽을 먹든 흙을 먹든
기뻐서 죽사오매 오히려 무슨 한이 남으오리까?

그날이 와서, 오오 그날이 와서
더러운 돈사를 울며 뛰며 뒹굴어도
그래도 도살장 끌려가지 않는 기쁨에
콧구멍이 벌렁벌렁 미어질듯 하거든
돌돌 말린 꼬리를 곧추 펴서 치켜들고는
강아지처럼 살랑살랑 흔들어 보이리이다
일 년 365일 매일 같이 복날이 와서
인간들이 너나없이 보신탕, 삼계탕만 찾는다면
이 몸은 제 명대로 살겠소이다.

내 마음은

김동명

내 마음은 호수요
그대 노 저어 오오
나는 그대의 흰 그림자를 안고
옥같이 그대의 뱃전에 부서지리다

내 마음은 촛불이오
그대 저 문을 닫아주오
나는 그대의 비단 옷자락에 떨며
최후의 한 방울도 남김없이 타오리다

내 마음은 나그네요
그대 피리를 불어 주오
나는 달 아래 귀를 기울이며 호젓이
나의 밤을 새이오리다

내 마음은 낙엽이요
잠깐 그대 뜰에 머무르게 하오
이제 바람이 일면 나는 또 나그네 같이 외로이
그대를 떠나오리다.

내 마음은

패러디

내 마음은 one go요
그대 피를 내오
나는 그대 피를 먹고
일단 3점을 나오리다

내 마음은 two go요
그대 쌍피를 내오
나는 그대 쌍피를 먹고
힘차게 two go를 외치리다

내 마음은 three go요
그대 광을 내오
나는 그대 광을 먹고
three go에 광박까지 씌우리다

내 마음은 싹쓸이오
이제 몇 점이나 났는지 계산해 봅시다
만약 상한가에 이르렀으면
나는 휘파람을 불며 유유히 일어서리다.

파초(芭蕉)

김동명

조국을 언제 떠났노
파초의 꿈은 가련하다

남국을 향한 불타는 향수
너의 넋은 수녀보다도 더욱 외롭구나!

소낙비를 그리는 너는 정열의 여인
나는 샘물을 길어 네 발등에 붓는다

이 밤이 차다
나는 또 너를 내 머리맡에 있게 하마

나는 즐겨 너를 위해 종이 되리니
너의 그 드리운 치맛자락으로 우리의 겨울을 가리우자.

지조(志操)

패러디

당을 언제 또 옮겼노
여의도의 꿈은 가련하다

금뱃지를 향한 불타는 향수
너의 신세는 낙동강 오리알 보다도 더욱 외롭구나

금뱃지를 그리는 너는 정열의 사나이
유권자들은 찬물을 길어 네 발등에 붓는다

이 밤이 차다
표심은 또 너를 좌절케 하마

표심은 즐겨 너를 위해 좌절케 하리니
너의 그 드리운 위선으로 지조의 상실을 가리우자.

논개

변영로

거룩한 분노는
종교보다도 깊고
불붙는 정열은
사랑보다도 강하다
아, 강낭콩 꽃보다도 더 푸른
그 물결 위에
양귀비꽃보다도 더 붉은
그 마음 흘러라

아리땁던 그 아미
높게 흔들리우며
그 석류 속 같은 입술
죽음을 입 맞추었네
아, 강낭콩 꽃보다도 더 푸른
그 물결 위에
양귀비꽃보다도 더 붉은
그 마음 흘러라

흐르는 강물은
길이길이 푸르리니
그대의 꽃다운 혼
어이 아니 붉으랴
아, 강낭콩 꽃보다도 더 푸른
그 물결 위에
양귀비꽃보다도 더 붉은
그 마음 흘러라.

놀게

패러디

거룩한 나이트클럽은
궁궐보다도 깊고
난무하는 몸짓은
광대보다도 숭고하다
아, 앵두보다도 더 빨간
그 싸이키 조명 아래
양귀비꽃보다도 더 붉은
그 욕망 흘러라

격정을 부추기는 음악
홀 안에 가득하면
그 석류 알 같은 욕망
취기와 함께 난무하네
아, 앵두보다도 더 빨간
그 싸이키 조명 아래
양귀비꽃보다도 더 붉은
그 욕망 흘러라

조명발 받으면
그 누가 알리오
격정의 현란한 빛
그 아래 추남 추녀가
어디 있으랴
아, 앵두보다도 더 빨간
그 싸이키 조명아래
양귀비꽃보다도 더 붉은
그 욕망 흘러라.

님의 침묵

한용운

님은 갔습니다 아아, 사랑하는 나의 님은 갔습니다
푸른 산빛을 깨치고 단풍나무 숲을 향하여 난 작은 길을 걸어서 차마 떨치고 갔습니다
황금의 꽃같이 굳고 빛나던 옛 맹세는 차디찬 티끌이 되어 한숨의 미풍에 날아갔습니다
날카로운 첫 키스의 추억은 나의 운명의 지침을 돌려놓고 뒷걸음쳐서 사라졌습니다
나는 향기로운 님의 말소리에 귀먹고 꽃다운 님의 얼굴에 눈멀었습니다
사랑도 사람의 일이라 만날 때에 미리 떠날 것을 염려하고 경계하지 아니한 것은 아니지만, 이별은 뜻밖의 일이 되고 놀란 가슴은 새로운 눈물에 터집니다
그러나 이별은 쓸데없는 눈물의 원천을 만들고 마는 것은, 스스로 사랑을 깨치는 것 인줄 아는 까닭에, 걷잡을 수 없는 슬픔의 힘을 옮겨서 새 희망의 정수박이에 들어부었습니다
우리는 만날 때에 헤어지는 것을 염려하는 것과 같이 떠날 때에 다시 만날 것을 믿습니다
아아, 님은 갔지마는 나는 님을 보내지 아니하였습니다
제 곡조를 못 이기는 사랑의 노래는 님의 침묵을 휩싸고 돕니다.

걱정의 침묵

패러디

희망은 갔습니다 아아, 마음 가득했던 우리의 희망은 갔습니다
보라 빛 꿈을 버리고 눈앞의 이익에 눈멀어 맹목적 길을 쫓아 차마 떨치고 갔습니다
빛나는 전통과 정신문화는 차디찬 물질문명에 휩쓸려 뒤도 돌아보지 않고 날아갔습니다
숭고한 조상의 정신은 이기심과 나약함만 남겨놓고 뒷걸음질 쳐서 사라져갔습니다
우리는 진취성에 귀먹고 덕(德)에 눈멀었습니다
인생은 유한하니 살았을 때 즐기자는 세태를 염려하고 경계하지 아니한 것은 아니지만,
지독한 물질주의가 뜻밖의 일이 되고 보니 놀란 가슴은 새로운 슬픔에 잠깁니다
그러나 지나친 걱정이 쓸데없는 스트레스만 만들고 마는 것은 스스로 잘못됨을 깨칠 줄 아는 민족이기에, 걷잡을 수 없는 슬픔을 이기고 새 희망에 불을 당깁니다
우리는 수많은 어려움을 극복한 것과 같이 염려할 때 다시 일어설 것을 믿습니다
아아, 희망은 갔지마는 우리는 희망을 보내지 아니하였습니다
다시 부르는 희망의 노래는 걱정의 침묵을 휩싸고 돕니다.

알 수 없어요

한용운

바람도 없는 공중에 수직(垂直)의 파문을 내이며 고요히 떨어지는 오동잎은 누구의 발자취입니까?

지리한 장마 끝에 서풍에 몰려가는 검은 구름의 터진 틈으로 언뜻언뜻 보이는 푸른 하늘은 누구의 얼굴입니까?

꽃도 잎도 없는 깊은 나무에 푸른 이끼를 거쳐서 옛 탑(塔) 위의 고요한 하늘을 스치는 알 수 없는 향기는 누구의 입김입니까?

근원은 알지도 못할 곳에서 나서 돌부리를 울리고 가늘게 흐르는 작은 시내는 구비구비 누구의 노래입니까?

연꽃 같은 발꿈치로 가이없는 바다를 밟고 옥 같은 손으로 끝없는 하늘을 만지면서 떨어지는 해를 곱게 단장하는 저녁놀은 누구의 시(詩)입니까?

타고 남은 재가 다시 기름이 됩니다. 그칠 줄을 모르고 타는 나의 가슴은 누구의 밤을 지키는 약한 등불입니까?

알 수 없어요

패러디

신맛이 나는 것도 아닌데 신라면 이라고 이름 붙인 건 누구의 발상입니까?

라면도 아니면서, 우동도 아니면서 라면맛과 우동맛을 동시에 내는 라우동은 누구의 아이디어입니까?

똑같은 라면이면서 해물맛 나는 스프를 담고 얼큰한 해물탕 맛을 내는 해물탕면은 누구의 작품입니까?

분말 스프는 참기름과 함께 면 위에 뿌려지고 비벼지면 자장면 맛을 내고 마는 짜빠게티는 어느 회사의 제품입니까?

액상스프가 건더기 스프와 조화를 이루고 담백한 국물 맛을 내면서 면발이 쫄깃한 생생면은 또 누구의 튀기지 않은 순수입니까?

궁휼의 마음은 간편함을 이룩했습니다. 출출한 밤, 뜨거운 물만 부으면 먹을 수 있는 컵라면은 아아, 누구의 깜찍한 사랑입니까?

제 2 장
송아지가 알을 낳았다고 계속 우기면

오, 나의 사랑

자크 프레베르

새 상점에 가서
나는 새를 샀지
당신을 위해
오, 나의 사랑!

꽃 상점에 가서
나는 꽃을 샀지
당신을 위해
오, 나의 사랑!

철물점에 가서
나는 철사를, 무거운 철사를 샀지
당신을 위해
오, 나의 사랑!

그 다음 노예 상점에 가서
나는 당신을 찾았지
그러나 당신은 없었어
오, 나의 사랑!

오, 나의 사랑

패러디

소방서에 가서 나는 신고를 했지
내 마음에 불 지른 그녀를
그랬다가 쫓겨났지
오, 나의 사랑!

경찰서에 가서 나는 신고를 했지
내 마음 훔쳐간 그녀를
그랬다가 쫓겨났지
오, 나의 사랑!

카센터에 가서 나는 부탁을 했지
펑크 난 내 마음 때워달라고
그랬다가 쫓겨났지
오, 나의 사랑!

병원에 가서 나는 요청을 했지
상처 난 내 마음 치료해 달라고
그랬다가 고약이나 바르란 말 들었지
오, 나의 사랑!

다시 한 번 인생을 되풀이 할 수 있다면

에리히 케스트너

다시 한 번
인생을 되풀이할 수 있다면
열여섯 살이 되고 싶다
그리고 그 후의 일들은 모두 잊어버리고 싶다

예쁜 꽃을 따서
책갈피에 끼워 말리고 싶다

학교로 가는 도중
빨강대문 파랑대문 앞에서
친구를 부르고 싶다

밤의 창가에 서서
별들을 헤아려 보고 싶다

거짓말을 하는 상대에게
화를 내고 토라져서
닷새 동안 얼굴을 마주하지 않고 싶다

다시 한 번 밤늦은 공원에서
내가 키스하고 싶어 할 때 얼굴을 돌리는
볼이 빨간 소녀와
산보를 하고 싶다

문을 닫으려는 상점에 들어가
소녀와 나를 위해
2마르크 50페니로
두 개의 똑 같은 가락지를 사고 싶다

곡마단 구경이 하고 싶어
엄마를 조르고 싶다

담배 피우는 원숭이를 보고 싶다
머리가 둘인 황소를 보고 싶다

처음 만져 본 여자의 가슴이 너무 부드러워
깜짝 놀라고 싶다

열여섯 살에 있었던 일들을

다시 한 번 해 보고 싶다

그보다 나중에 있었던 일들은
고무지우개로 모두 지워버리고 싶다

다시 한 번
인생을 되풀이할 수 있다면
열여섯 살이 되고 싶다.

다시 한 번 에덴동산에 돌아간다면

패러디

다시 한 번
에덴동산에 돌아간다면
나는 절대로
뱀의 유혹에 넘어가지 않겠다

그리고 아담에게
사과를 먹으라고
권하지도 않겠다

차라리 늦가을이 되기를 기다려
사과가 땅에 떨어졌을 때
그것을 주워 먹겠다

만약 늦가을까지 견디기가 힘들면
아담으로 하여금 나무를 흔들게 하고
사과가 땅에 떨어졌을 때
그것을 주워 먹겠다

내 손으로 직접 사과를 따먹어
두고두고 후손에게 욕먹는

그런 여자는 되지 않겠다

다시 한 번
에덴동산에 돌아간다면
나는 절대 내 손으로 사과를 따먹지 않고
땅에 떨어진 사과를 주워 먹겠다

그러면 하나님도 내가 불쌍해서
나를 낙원에서 내쫓지 않을 것이다.

숙명

에리히 케스트너

요람과 무덤
사이에는
고통이 있었다.

의도
패러디

신은 인간을
불량품으로 만들었다

그 증거를 대라면 못 댈 것도 없다
인간은 자기 등짝 한 가운데가 가려울 때
자기 맘대로 긁지도 못하잖은가?

그러나 다시 생각해보면
신의 의도는 고의적이다

그럼, 그 의도는 무엇인가?
그것은 '서로 두우라' 이다.

한 밤중

아모노 타다시

한 노인이 투덜거렸습니다
한밤중에 자꾸 잠이 깨는 건
정말 성가신 일이야!

그러자 다른 노인이 말했습니다
하지만 당신이 아직 살아 있다는 걸 확인하는 데
그것만큼 좋은 방법이 없지 않은가?

두 사람은 서로를 보며
껄껄거리고 웃었습니다.

두 남자
패러디

한 남자가 투덜거렸습니다
한 밤중에 마누라가 자꾸 툭툭 치는 건
정말 성가신 일이야!

그러자 다른 남자가 말했습니다
하지만 자네가 아직 쓸 만 한 존재라는 걸 확인하는 데
그보다 좋은 방법은 없지 않은가?

두 남자는 서로를 바라보며
낄낄거리고 웃었습니다.

느끼는 것이 우선이기에

E.E. 커밍즈

느끼는 것이 우선이기에
사물의 논리성에 매인 자는
절대로 완벽하게 입맞춤을 못하리

세상이 봄일 때
온전히 바보가 됨은
내 본능을 시인하는 것
하여 입맞춤은
지혜보다 더 좋은 운명인 것이니
여인아 온갖 꽃을 두고 나 맹세하나니, 울지마오

내 두뇌의 최고 행위도
그대의 깜박이는 눈꺼풀보다 못하나니
우리 서로 사랑하는 것, 그 떨리는 눈이 말해주네
자 웃어보게나, 내 품에 등을 기대고
어차피 인생은 정연한 논리가 아니잖은가?
그리고 생각노니, 죽음은 괄호로 묶어둘 수 없다네.

마음이 우선이기에

패러디

마음이 사랑하면
머리는 사랑해야 할 이유 10가지를 만들고
마음이 사랑하지 않으면
머리는 사랑할 수 없는 이유 10가지를 만들기에

머리에 매인 자는
완전한 사랑을 하지 못하리
모든 이가 꽃밭에서 이유 없이 어린아이가 되는 것은
마음이 순수해지기 때문
하여 사랑은
논리나 지혜보다 더 순수한 것이니
사람들아, 논리로 따지지 마오
뛰어난 지식도 따듯한 눈빛보단 못한 것이라네

자 입 맞추어 보게나, 마음에 머리를 기대고
웃어보게나, 따지거나 헤아림 없이
어차피 인생은 논리적이지 않은 것
죽음도 3단 논법으로 해명할 수 없지 않은가?
그리고 생각하노니, 마음이 무너지면 모든 것이 무너진다네.

사랑

장 콕도

사랑한다는 것
그것은 곧
사랑을 받는다는 것이니

한 존재로 하여금
불안에 떨게 하는 것

아, 이제는 상대방에게
가장 소중한 것이
될 수 없다는 사실이
나를 슬프게 하네.

촛불
패러디

어둠을 밝힌다는 것
그것은 곧
자신을 태운다는 것이니

한 존재로 하여금
기쁨에 떨게 하는 것

아, 이제는 사람들이
나의 가르침을 무시하고
전등으로 빛을 만들어

아무것도 태우지 않고
어둠을 밝히려 드는 것
그것이 나를 고민하게 하네.

미라보 다리

기욤 아폴리네르

미라보 다리 아래 세느강은 흐르고
우리네 사랑도 흘러내린다
내 마음 속에 깊이 아로새기리라
기쁨은 언제나 괴로움에 이어옴을

밤이여 오라, 종아 울려라
세월은 가고 나는 머문다

손에 손을 맞잡고 얼굴을 마주 보면
우리네 팔 아래 다리 밑으로
영원의 눈길을 한 지친 물살이
저렇듯이 천천히 흘러내린다

밤이여 오라, 종아 울려라
세월은 가고 나는 머문다

사랑은 흘러간다, 이 물결처럼
우리네 사랑도 흘러만 간다
어쩌면 삶이란 이다지도 지루한가?
희망이란 왜 이렇게 격렬한가?

밤이여 오라, 종아 울려라
세월은 가고 나는 머문다

나날은 흘러가고 달도 흐르고
지나간 세월도 흘러만 간다
우리네 사랑은 오지 않는데
미라보 다리 아래 세느강이 흐른다

밤이여 오라, 종아 울려라
세월은 가고 나는 남는다.

사랑의 다리
패러디

시계를 뒤집어 놓아도 시간은 흐르고
우리네 인생도 흘러간다
내 마음 깊이 새기리라
흐르는 시간은 돈으로도, 권력으로도 막을 수 없다는 것을

시간의 강을, 흐름의 강을 건너자
사랑의 다리를 놓고

살다보면
고난도 있으리, 절망도 있으리
아무도 알지 못하는
나만의 아픔도 있으리라

시간의 강을, 흐름의 강을 건너자
사랑의 다리를 놓고

시계를 거꾸로 매달아도 시간은 흐르고
우리네 인생도 흘러만 간다
여울진 청춘이 다시 오기 어렵듯이
모든 것은 머물지 않는 법

시간의 강을, 흐름의 강을 건너자
사랑의 다리를 놓고

시계를 깨버려도 시간은 흐르고
우리네 인생도 흘러만 간다
내일 이루려는 크고 원대한 사랑도
오늘 행한 작은 사랑만 못하리

시간의 강을, 흐름의 강을 건너자
인생은 흐르고 사랑은 건넌다.

가을날

라이너 마리아 릴케

주여!
때가 왔습니다
지난 여름은 참으로 위대했습니다
당신의 그림자를 해시계 위에 얹으시고
들녘엔 바람을 풀어 놓아 주소서

마지막 과일들이 무르익도록 명(命)하시어
이틀만 더 남국(南國)의 날을 베푸시고
과일들의 완성을 재촉하시고, 독한 포도주에는
마지막 단맛이 스미게 하소서

지금 집이 없는 사람은 이제 집을 짓지 않습니다
지금 혼자인 사람은 그렇게 오래 남아
깨어서 책을 읽고, 긴 편지를 쓸 것이며
낙엽이 흩날리는 날에는 가로수들 사이로
이리저리 불안스레 헤매일 것입니다.

포기한 날
패러디

나약한 의지여!
하늘은 높고 말은 살찌는 계절이 왔습니다
다이어트의 기간은 참으로 길었습니다
체중계의 바늘을 몽땅 빼버리소서

식탁 위에다 맛있는 음식들을 놓으시어
연한 살코기 갈비찜을 익게 하시고
얼큰한 매운탕도 끓게 하시어
그들을 완성시켜 마지막 양념이
깊은 맛으로 스미게 하소서

이제 다이어트는 포기했습니다
지금 뚱뚱한 사람은 이후로도 뚱뚱하게 살아
살 빼지 않고, 먹고 마시어 건강하게 살 것이며
날씬한 몸매가 부러워질 때면 두 눈을 부릅뜨고
몸매보다 중요한 건 건강이라고 외칠 것입니다.

가지 않은 길

로버트 프로스트

노란 숲 속에 길이 두 갈래로 났었습니다
나는 두 길을 다 가지 못하는 것을
안타깝게 생각하면서
오랫동안 서서 한 길이 굽어 꺾여 내려간 데까지,
바라다볼 수 있는 데까지 멀리 바라다보았습니다

그리고 똑같이 아름다운 다른 길을 택했습니다
그 길에는 풀이 더 있고 사람이 걸은 자취가 적어
아마 더 걸어야 될 길이라고 나는 생각했었던 게지요
그 길을 걸으므로, 그 길도 거의 같아질 것이지만

그 날 아침 두 길에는
낙엽을 밟은 자취는 없었습니다
아, 나는 다음 날을 위하여 한 길은 남겨 두었습니다
길은 길에 연하여 끝없으므로
내가 다시 돌아올 것을 의심하면서…

훗날에, 훗날에 나는 어디선가
한숨을 쉬면 이야기할 것입니다

숲 속에 두 갈래 길이 있었다고,
나는 사람이 적게 간 길을 택하였다고,
그리고 그것 때문에 모든 것이 달라졌다고.

시키지 않은 음식

패러디

메뉴판에 자장면은 3천 원, 짬뽕은 4천 원이라고
적혀있었습니다
나는 자장면과 짬뽕 둘 다 먹지 못하는 것을
안타깝게 생각하면서
어느 것을 먹을까 잠시 고민해 보았습니다

그리고 결국은 국물이 얼큰한 짬뽕을 시켰습니다
그 속에는 면도 있고 여러 가지 해물도 있어
아마 더 맛있을 거라고 생각했던 게지요

짬뽕이든 자장면이든
뱃속에 들어가면 결국 마찬가지일 테지만
그날 난 그 자리에서 짬뽕을 시켰고
친구는 자장면을 시켰습니다

아, 나는 짬뽕을 시켰고
친구는 자장면을 시켰습니다
자장면보다 짬뽕이 더 맛있을 것 같았으므로
자장면도 맛있을 거라는 미련을 가지면서…

막상 음식이 나오자
나는 친구가 시킨 자장면을 바라보며
슬픈 눈으로 젓가락을 빨았습니다
'자장면엔 돼지고기도 들어있네!' 라고 말하면서…

그리고 마침내 우린 웃으면서
각자가 시킨 음식을
반반씩 나누어 먹었습니다.

산 너머 저편

칼 붓세

산 너머 저편, 하늘 저 멀리
행복이 있다고 말을 하지만

아!
남 따라 행복을 찾아갔다가
눈물만 머금고 돌아 왔다네

산 너머 저편, 하늘 저 멀리
행복이 있다고 말들 하지만…

꿈 좋아 복권
패러디

꿈 좋아 복권, 당첨 그 안에
아내 사랑 있다고들 말들 하지만

아!
가불해서 한꺼번에 열장 샀는데
마누라가 바지 함께 세탁기로 돌려버렸네

꿈 좋아 복권, 당첨 그 안에
마누라 사랑 있다고들 말들 하지만…

이니스프리의 호도(湖島)

월리엄 예이츠

나 이제 가련다 이니스프리로
거기 진흙과 나뭇가지로 작은 집 짓고
아홉 이랑의 콩밭 갈며 꿀벌도 치며
벌 소리 잉잉대는 숲속에 홀로 살리라

그러면 거기 평화가 있겠지
안개 낀 아침부터 귀뚜라미 우는 저녁 대까지
그곳은 밤중조차 훤하고 낮은 보랏빛!
저녁에는 홍방울새 가득히 날고

이제 나는 가련다 밤이나 낮이나
기슭에 나직이 호수 물 찰랑이는 소리
흙길 위에서나 회색 포도 위에서나
내 가슴 속 깊이 그 소리만 들리누나.

요크셔테리어의 동네어귀

나 이제 가련다 동네어귀로
거긴 개털 시원한 바람도 불고
두개의 전봇대와 쓰레기통 하나
킁킁대며 맘대로 냄새도 맡고
다리 올려 멋대로 오줌도 누며
나 동네 어귀에 나가 살리라

거기엔 개다운 자유가 있겠지
사료도 개껌도 인간들이 만든 것
털에 물들이는 것에서부터
발톱에 매니큐어 칠하는 것까지
모두가 자기들이 좋아서 하는 짓
사랑이란 이름의 애완(愛玩)!

동네어귀에 개뿔은 없어도
언제나 자유가 숨 쉬는 곳
포메라니안과 마르티스도
맘대로 만날 수 있나니

쿵쿵대며 쓰레기통을 뒤질 때나
다리 올려 전봇대에 오줌 눌 때나
마음껏 친구들과 뛰어놀 때면
내 몸 가득히 자유가 느껴지리.

낙엽
레미 드 구르몽

시몬, 나뭇잎 져버린 숲으로 가자
낙엽은 이끼와 돌과 오솔길을 덮고 있구나
시몬, 너는 좋으냐? 낙엽 밟는 소리가

낙엽 빛깔은 정답고 모양은 쓸쓸하다
낙엽은 버림받고 땅 위에 흩어져 있구나
시몬, 너는 좋으냐? 낙엽 밟는 소리가

해질 무렵 낙엽 모양은 쓸쓸하다
바람에 흩어지며 낙엽은 상냥히 외치는구나
시몬, 너는 좋으냐? 낙엽 밟는 소리가

발로 밟으면 낙엽은 영혼처럼 운다
낙엽은 날개 소리와 여자의 옷자락 소리를 내는구나
시몬, 너는 좋으냐? 낙엽 밟는 소리가

가까이 오라, 우리도 언젠가는 낙엽이리니
가까이 오라, 밤이 오고 바람이 분다
시몬 너는 좋으냐? 낙엽 밟는 소리가.

낙장(落張)

패러디

고도리, 너는 오늘도 동양화 춤추는 고스톱 판으로 가는구나
화투는 담요와 꾼들의 손에 속해 있구나
고도리, 너는 좋으냐? '고!' 라고 외치는 소리가

쌍피 두 장에 즐거워하고
비광 낀 광 세장에 슬퍼하는구나
흑싸리는 덧없이 버림을 받고 바닥에 깔렸구나
고도리, 너는 좋으냐? '못 먹어도 고!' 라고 외치는 소리가

죽어라 안 맞는 뒷장에 열 받아 하는구나
열 받아 식식댈 때
낙장 똥쌍피가 뒤집히며 떨어지는구나
고도리, 너는 싫으냐? '피박!' 이라는 소리가

집어치워라
그러다 언젠가는 네 인생도 낙장되리라
잃은 돈 아까워 말고 일어서거라
그래도 미련을 못 버리고 앉아있구나
고도리, 너는 좋으냐? 화투장으로 바닥 치는 놀이가

고집 피우지 마라
그러다 언젠가는 네 인생도 바닥치리라
일어서거라, 벌써 밤이 깊었다
그래도 화투장을 움켜쥐고 있구나
고도리, 그렇게도 좋으냐? 화투장으로 바닥 패는 놀이가.

갈망(渴望)

　　　　패러디

리비도, 인간은 네게 사로잡힌 슬픈 짐승이구나
어디선가 꽃향기가 풍겨 남은
어딘가에 꽃이 있다는 증거

인간에게
무언가에 대한 그리움이 있고
염원이 있다는 것은 무엇이랴?
리비도, 너는 아느냐? 그 무엇을

오늘도 우리의 삶은
그대의 옷자락을 부여잡고
자신의 제단에 스스로를 희생으로 바치며
기도하고 있다
리비도, 너는 아느냐? 그 무엇을

리비도, 우리의 영혼은 어제도 오늘도 내일도
애타게 목마르게 우물가를 헤맬 것이다
그대가 밝히려는 것, 그것을 찾아서!…

리비도(Libido) : 무엇에 대한 갈망과 욕망, 삶을 이끌고 가는 원천 에너지

내가 만일 애타는 한 가슴을

에밀리 디킨슨

내가 만일 애타는 한 가슴을 달랠 수 있다면
내 삶은 정녕코 헛되지 않으리

내가 만일 한 생명의 고통을 덜어 주거나
또는 한 괴로움을 달래거나

또는 할딱거리는 로빈새 한 마리를 도와서
보금자리로 돌아가게 해 줄 수 있다면
내 삶은 정녕코 헛되지 않으리.

내가 만일 창조주라면

패러디

내가 만일 창조주라면
동물이 자기 생존을 위해 다른 생명을 죽여야 하는 먹이사슬은 정녕코 만들지 않으리

강을 건너다 악어에게 물려 앞 다리가 부러져 절룩거리는 새끼 누를 공격하여 그 몸을 산채로 찢어먹는 사자를 바라보며, 처절하게 울부짖는 어미 누의 고통을 덜어 주거나

또는 인간이 하루에도 수십만 마리의 소나 돼지를 도살해야 하는 먹이 시스템을 대폭 수정하여
인간을 포함한 모든 동물들이 흔해빠진 흙만 퍼 먹어도 살 수 있는 생존시스템을 만들 수만 있다면
내가 창조주인 것이 정녕코 헛되지 않으리.

누(wildebeest) : 소과에 속하는 포유동물

인생 찬가

헨리 롱펠로우

슬픈 사연으로 내게 말하지 말라
인생은 한낱 헛된 꿈에 불과하다고
잠자는 영혼은 죽은 것이니
만물은 외형의 모습 그대로가 아니다

인생은 참된 것, 진지한 것
무덤이 그 종말이 될 수는 없다
'너는 흙이니 흙으로 돌아가라'
이 말은 영혼에 대해 한 말은 아니다

우리가 가야 할 곳, 가야 할 길은
향락도 아니요, 슬픔도 아니다
저마다 내일이 오늘보다 낫도록
행동하는 그것이 목적이요 길이다

예술은 길고 세월을 빨리 간다
우리의 심장은 튼튼하고 용감하나
싸맨 북소리처럼 둔탁하게
무덤을 향한 장송곡을 치고 있느니

이 세상 넓고 넓은 싸움터에서
인생의 노영(露營) 안에서
말없이 쫓기는 짐승처럼 되지 말고
싸움에서 이기는 영웅이 되라

아무리 즐거워도 미래를 믿지 말라
죽은 과거는 죽은 채 버려두라
행동하라, 살아있는 현재에 행동하라
안에는 영혼이, 위에는 하나님이 있다

위인들의 생애는 우리를 깨우치느니
우리도 숭고한 삶을 살 수 있고
떠날 땐 지나온 시간의 모래 위에
우리의 발자취를 남길 수가 있느니

그 발자취, 아마도 훗날 다른 사람이
장엄한 인생의 바다 저어가다가
외롭게 파도에 난파하는 때를 만나면
보고서 다시금 용기를 얻게 될지니

우리 모두 일어나 일하지 않으려나
어떤 운명인들 이겨낼 용기를 가지고
계속 성취하고 추구하면서
끊임없이 일하며 기다림을 배우세.

하루살이의 노래

패러디

파리의 목소리로 내게 말하지 말라
오늘이 지나면 내일이 온다고
오늘 하루가 내게는 전부이니
나에게 내일은 없다

오전은 반평생이고, 오후는 후반생이다
나에게 한 달은 영생의 시간이다
'내일 일은 내일로 남겨두라'
이 말은 내게 합당한 말이 아니다

초침에 하루가 가고, 분침에 계절이 바뀌어
시침엔 강산이 변한다
차라리 촌음(寸陰)을 아껴 쓰라는
그 말이 나에게 합당한 말이다

하루는 길고 소중하다
파리에겐 내일이 있고, 인간에겐 내년이 있지만
나에겐 오늘이 전부다

오늘도 오물을 찾아 몸을 더럽히는 파리냐

오늘도 돈을 쫓아 시간을 허비하는 인간을
조금도 부러워하지 말고
오늘 하루에 목숨을 거는 하루살이가 되자

파리채에 맞아 죽는 파리를 가련해하고
욕망에 잡혀 사는 인간을 불쌍해하고
오늘을 살자, 오늘을 날자
분각에 성장하고, 시각에 성숙하는 하루를 살자

죽을 때까지 철들지 않는 인간의 생애는
우리를 깨우친다
우리는 잠 잘 수 없으니
촌각의 시간위에, 분각의 시간위에
하루살이의 철듦을 남기자

그 철듦은 어느 날 파리나 인간이
촌각의 소중함을 알게 되었을 때
우리의 생애를 돌아보면서
부끄러이 머리 숙일 것이다

오늘을 살자, 오늘을 날자
단명(短命)의 의식을 버리고 오늘을 살자
하루가 짧다 말고 허공을 날자.

삶이 그대를 속일지라도

알렉산드르 푸쉬킨

삶이 그대를 속일지라도
슬퍼하거나 노하지 말라
슬픈 날엔 참고 견디라
즐거운 날이 오고야 말리니

마음은 미래를 바라느니
현재는 한없이 우울한 것
모든 것은 하염없이 지나가고
지나간 것은 그리움 되리니

삶이 그대를 속일지라도
노여워하거나 서러워하지 말라
절망의 나날을 참고 견디면
기쁨의 날이 반드시 찾아오리라

마음은 미래에 살고
현재는 언제나 슬픈 법
모든 것은 하염없이 지나가리니
지나간 것은 마음에 소중히 남으리라

삶이 그대를 속일지라도
슬퍼하거나 노하지 말라
우울한 날들을 참고 견디면
기쁨의 날이 오리니

마음은 미래에 사는 것
현재는 한없이 슬픈 것
모든 것은 덧없이 지나가리니
지나간 것은 훗날 소중히 남으리라

삶이 그대를 속일지라도
슬퍼하거나 노하지 말라
설움의 날을 참고 견디면
기쁨의 날이 오고야 말리라.

아내가 바가지를 긁을지라도

패러디

아내가 바가지를 긁을지라도
화를 내거나 집을 뛰쳐나가지 말라
마음속 고난을 참고 견디면
크게 되는 날이 오고야 말리니

난세는 영웅을 낳고
악처는 철학자를 낳는 법
바가지 소리가 요란할수록
더욱 더 심오한 철학자가 되리니

아내가 바가지를 긁을지라도
화를 내거나 집을 뛰쳐나가지 말라
마음속 고난을 참고 견디면
반드시 크게 되는 날이 오리라

난세는 영웅을 낳고
악처는 철학자를 낳는 법
화를 내면 밴댕이가 되지만
참고 견디면 철학자가 되리라

아내가 바가지를 긁을지라도
화를 내거나 집을 뛰쳐나가지 말라
마음속 고난을 참고 견디라
크게 되는 날이 반드시 오리니

바가지 긁는 소리는 짜증나지만
그것이 철학자를 만드는 법
잠잘 때만큼은 입을 다물리니
그리고 지나간 것은 애증이 되리니

아내가 바가지를 긁을지라도
화를 내거나 집을 뛰쳐나가지 말라
듣기 싫은 잔소리를 참고 견디면
심오한 철학자가 되고야 말리니

아내는 그것으로 존재의 의미를 느끼고
남편은 저도 모르게 철학자가 되는 것
바가지 긁는 소리가 요란하면 할수록
더욱 더 심오한 철학자가 되리라.

꽃이 하고픈 말

하인리히 하이네

새벽녘 숲에서 꺾은 제비꽃
이른 아침 그대에게 보내 드리리
황혼 무렵 꺾은 장미꽃도
저녁에 그대에게 갖다 드리리

그대는 아는가요?
낮에는 진실하고
밤에는 사랑해 달라는
그 예쁜 꽃들이 하고픈 말을…

여왕이 하고픈 말

패러디

어제 저녁 먹다 남은 찬밥
오늘 아침 밥상에 차려드리리
어제 저녁 먹다 남은 쉰 김치도
오늘 아침 밥상에 올려드리리

당신은 아시나요?
그제도 어제도 늦은 귀가와
오늘도 내일도 늦을 귀가와
여왕처럼 모시마고 다짐했던
연애시절 본인의 그 맹세를…

내 마음의 이 깊은 상처를

하인리히 하이네

내 마음의 이 깊은 상처를
예쁜 저 꽃들이 알고 있다면
나와 함께 울어서
어쩌면 이 고통을 멈출 수 있으리라

슬픔에 저려 오는 나의 마음을
나이팅게일이 알았더라면
즐거운 노래를 불러
내게 힘을 북돋아 주었으리라

나의 괴로움을 알았더라면
드높이 반짝이는 별들도
높은 하늘로부터 내려와서
상냥하게 위로해 주었으리라

그렇지만 나의 이 슬픔
아무도 모르고 있네
알고 있는 사람은 단 하나
나의 가슴을 이렇게 찢어 놓은 그녀뿐이네.

내 가슴 속 이 예쁜 마음을

패러디

내 가슴속 이 예쁜 마음을
세상 남자들이 알게 된다면
앞을 다투어 몰려와
줄을 서서 꽃을 바치리라

꽃잎처럼 맑고 향기로운 나의 마음을
세상 남자들이 알게 된다면
떼로 몰려와 아우성치며
나의 관심을 끌려 하리라

나의 이 꽃잎 같은 마음을 알게 된다면
능력 있고 잘 생긴 남자도
자신의 교만함을 뉘우치며
어떻게든 나의 입맞춤을 받으려 하리라

그렇지만 나의 이 천사 같은 마음을
어느 누구도 알지 못하니
나만이 나의 이 예쁜 마음을 알뿐
나의 가슴은 이렇게 찢어지노라.

초원의 빛

윌리엄 워즈워드

여기 적힌 먹빛이 희미해질수록
그대를 향한 마음 희미해진다면
이 먹빛 하얗게 마르는 날
나는 그대를 잊을 수 있겠습니다

초원의 빛이여, 꽃의 영광이여!
다시는 돌아갈 수 없다 해도
서러워 말기를…
차라리 그 속 깊이 간직한 오묘한 세월을 찾으소서!

초원의 빛이여
그 빛 빛날 때 그대 영광의 빛을 얻으소서!
한때는 그토록 찬란했던 빛이었건만
이제는 덧없이 사라져 돌이킬 수 없는
초원의 빛이여, 꽃의 영광이여!

다시는 찾을 길 없다 해도
결코 서러워 말자
우리는 여기 남아 굳세게 살리라

존재의 영원함을
티 없는 가슴에 품고
인간의 고뇌를 사색으로 달래며
죽음의 눈빛으로 부수듯
티 없는 믿음으로 세월 속에 남으리라.

비만의 빛

패러디

아랫배 뱃살이 늘어날수록
체중계 숫자가 늘어난대도
이 식욕 다하는 날
나는 비로소 삼겹살을 잊을 수 있겠습니다

망가진 몸매여, 나온 뱃살이여!
다시는 왕년의 몸매가 되돌려지지 않는다 해도
서러워 말기를…
차라리 그 속 깊이 간직한 고매한 인격을 찾으소서!

나온 뱃살이여
굶주릴 때 그때 영광 빛을 발하소서!
한때는 왕자 복근 몸매였건만
이제는 살이 늘어 돌이킬 수 없는
망가진 몸매여, 나온 뱃살이여!

다시는 되돌릴 수 없다 해도
결코 서러워 말자
먹고 싶은 것 먹으면서 굳세게 살리라

입맛의 숭고함을
티 없는 가슴에 품고
뱃살의 고뇌를 사색으로 달래며
인격의 믿음으로 세월 속에 남으리라.

무지개

윌리엄 워즈워드

하늘의 무지개를 바라보면
내 마음 뛰노나니
나 어려서 그러하였고
어른 된 지금도 그러하거늘
나 늙어서도 그러하리라
아니면 이제라도 나의 목숨 거둬 가소서

어린이는 어른의 아버지
원하노니 내 생애의 하루하루가
천생의 경건한 마음으로 이어질진저.

눈 돌아감
패러디

예쁜 여자 지나가면
내 눈은 돌아가나니
나 일곱 살부터 그러했고
쉰 살이 된 지금도 그러하거늘
일흔 살이 되어서도 그러하리라
아니면 이제라도
내 목숨 거둬 가소서

예쁜 여자 지나갈 때 눈 돌아감은
아직도 내 안에 열정이 남아있다는 증거
원하노니 백 살이 될 때까지
예쁜 여자 지나가면 내 눈 돌아갈 진저.

내 사랑

로버트 번즈

오오, 내 사랑은 붉고 붉은 장미니
유월에 막 피어난 신선한 장미여라
오오, 내 사랑은 아름다운 곡조로
감미롭게 연주되는 노래이어라

귀여운 사람아, 네가 귀엽기에
나는 무척이나 너를 좋아하노라
바닷물이 모두 말라 버려도
나는 너를 사랑하리 그리운 이여!

전정 바닷물이 모조리 말라 버리고
바윗돌이 햇빛에 녹아 버린다 해도
내 생명이 붙어 있는 한
나는 진정 너를 사랑하리라

마음은 쓰라려도 이제 헤어져야 하나니
그러나 잠시 동안의 헤어짐이니
나는 반드시 돌아오리라
비록 천 리, 만 리나 된다 하여도.

내 사랑 주식
패러디

오오, 내 사랑은 시세표에 적힌 까만 숫자
오오, 내 사랑은 상승을 알리는 기분 좋은 화살표

나의 사랑 주식아
네 가격이 올라가는 만치
내 사랑도 그만큼 깊단다
길이 너를 사랑하리 나의 주식아!

오늘 상한가를 치고
내일 또 상한가를 치고
사상 최고치에 이를 때까지
매일 매일 너를 사랑하리 나의 주식아!

투자액의 오십 배, 백배가 될 때까지
오르거라 나의 주식아!
단 하루라도 오르기를 멈추지 마라

나는 너를 사랑하련다 내 주식아!
네가 나를 사랑하지 않아도.

누구를 위하여 종은 울리나?
존 던

사람은 누구도 그 자체로 온전한 섬이 아니다
모든 사람은 대륙의 한 조각
본토의 일부이다

흙 한 덩이가 바닷물에 씻겨 가면
유럽은 그만큼 작아진다

그건 곶이 씻겨 나가도 마찬가지이고
네 친구의 영지나 너 자신의 영지가 씻겨 나가도
마찬가지이다

누구의 죽음이든 그것은 나를 줄어들게 하는 것이다
왜냐하면 내가 인류에 속해 있기 때문이다

그러니 누구를 위하여 조종(弔鐘)이 울리는지
그것을 알아보려고 사람을 보내지 마라
그 조종은 그대를 위하여 울리는 것이므로…

누구를 위하여 間자를 붙였나?

패러디

人만으로도 사람이란 뜻이 완성되는데
누구를 위하여 間자 하나를 더 붙였나?

이는 사람은 다른 사람과의 사이 속에서
비로소 인간이 된다는 뜻일지니
사람은 자기 혼자서는 인간이 아니다

만일 다른 사람들과의 사이가 없다면
사람은 인간이 아니라 그냥 동물일 뿐

부부, 부모자식, 형제자매, 친구, 이웃
어느 누구와의 사이 일지라도
그 사이 속에서 사람은 비로소 인간이 된다

나는 남의 인간됨을 돕는 자이고
남은 나의 인간됨을 돕는 자이다

그러니 人間에서 間자는 귀찮게 왜 붙었나
그것을 알기위해
쓸데없이 지식 검색창을 열어보지 말라

間자는 그저 人자 말동무나 하라고
붙여놓은 것이 아니라
바로 사람의 인간됨을 위해 붙인 것이므로…

소네트 38

윌리엄 셰익스피어

내 사랑이 참사랑을 맹세하면
거짓말인 줄 알면서도 믿느니
세상의 거짓에 익숙하지 않은
풋내기 청년으로 생각하길 바라기 때문

내 나이 한창 때를 지난 줄은 그녀도 알건만
나를 젊게 보도록 헛되이 바라노라

바보처럼 그녀의 허황한 말을 믿어
둘 다 뻔한 진실을 감추고 있네

정숙하지 않다고 그녀는 왜 고백하지 않는지?
늙었다고 나는 왜 말하지 않는지?

아, 사랑의 습관은 짐짓 믿는 체하는 것이며
사랑의 연륜은 나이를 따지지 않는 것

그래서 나는 그녀와 눕고 그녀는 나와 누워
결점 투성인채 거짓말에 우리는 만족하노니.

소리 죽임
패러디

송아지가 알을 낳았다고 계속 우기면
말이 안 되는 줄 알면서도 인정하나니
그것은 기(氣)가 세어야 살아갈 수 있는
억지 세상이기 때문

송아지가 알을 낳을 수 없다는 건
우기는 자도 잘 알지만
한 번 기를 꺾어 놓으면
이후로는 고분고분하니까
끝까지 우겨서 굴복시키려는 것

사람들은
왜 송아지가 알을 낳을 수 없다고 말하지 않는지?
왜 납득할 수 없으면서 인정하는 것인지?
왜 좋은 게 좋은 대로 살아가는 것인지?

그래서 사람들은 억지와 함께 눕고
억지도 사람들과 함께 누워
결점 투성이인 억지 세상이
삐걱이며 함께 돌아간다.

등고(登高)
두보

바람 부는 쓸쓸한 가을에 원숭이는 울고
물 맑은 흰 모래 위에 갈매기 난다

사방의 나무에서는 잎이 우수수 지고
끝없는 강물은 굽이쳐 흐르네

고향을 떠나 슬픈 가을 나그네 되어
병든 몸을 이끌고 이곳에 올랐네

고생도 한스러운데 머리털마저 희어지니
늙은 이 내 몸, 탁주잔도 들지 못하네.

비감(悲感)

패러디

바람 부는 쓸쓸한 저녁에 눈발 날리고
흙 검은 탄광촌엔 까마귀 난다

불 밝힌 카지노를 나와 언덕에 오르니
치솟은 산들은 첩첩이 높네

어쩌다 서울 떠나 이곳 사북까지 와서
가진 돈 몽땅 잃고 이 신세가 되었을까?

잃은 돈도 원통한데 자동차까지 날렸으니
쪽박 찬 이 몸, 어떻게 서울로 돌아갈꼬?

귀전원거(歸田園居)

도연명

젊었을 때부터 속세에 어울리지 않았고
성품은 본래 산을 좋아하였는데
어쩌다 풍진 세상에 들어가
일거에 삼십 년의 세월이 흘러가버렸다

새장에 갇힌 새는 숲을 그리워하고
얕은 연못에 갇힌 고기는 원래 놀던 깊은 물을 생각하는 법
남쪽의 황무지를 일구면서
소박함을 지키기 위하여 전원으로 돌아왔다

텃밭은 십여 이랑에
초옥은 팔구 칸이며
느릅나무 버드나무는 뒤편 처마를 덮었고
복숭아 자두나무는 집 앞에 무성하다

마을은 멀리 어슴푸레하게 보이고
굴뚝마다 연기는 솔솔 피어오르는데
동네에서는 개 짖는 소리가
뽕나무 위에서는 닭 우는 소리가 들리는구나

집안에는 번잡한 일이 없고
빈방에는 한가함만 가득하노니
오랜 세월 속세에 얽혀 있다가
오호라, 이제야 다시 자연으로 돌아왔구나.

귀전원망(歸田怨望)

패러디

도시 생활 청산하고 고향으로 돌아와
만 원짜리 수백 장을 잘게 부숴
돈밭에 심었더니
잡풀만 무성하고 돈 싹은 안 나온다

아침 일찍 일어나 풀을 뽑고
비료 주고, 물도 주고
돈 나무 포기포기 돈잎 피길 바랐더니
여름이 다 가도록 잡풀만 크게 자라
속상한 이 내 마음 귀농 꿈도 어긋난다

돈밭 귀퉁이에서 귀뚜라미 귀뚜르르 울고
수확 없는 가을에 종자돈 생각나는데
한편으론 치열해야 살아남을 수 있는 도시 생각이
한편으론 농촌에서 순박하게 살고 싶은 욕망이
서로 갈등을 일으키는구나

남들처럼 요리조리 돈 버는 재주 없어
땅은 거짓말 못한단 말 그대로 가려 믿고
욕심 없는 부자 꿈에 돈농사를 지었거늘

종자돈은 간데없고 잡풀만 무성하니
오호라, 땅은 언제부터 거짓말을 하였던고?

전사자(戰死者)

시모니데스

끝을 깨끗이 맺는 것이
사람의 갈 길이라면
운명은 우리들에게만
살아있음보다 낫게 이 덕을
쥐어 주신 것이다

헬라스를 위해
자유를 지키겠다고
깨끗이 싸워 영원한 명예를 얻고
이제 우리들 여기에 잠들었노라.

전사닭(戰死鷄)

패러디

삼계탕 되는 것이
나의 갈 길이라면
신은 나에게
털 뽑힘의 미덕을 주신 것이다

인간을 위해 알을 낳고
몸까지 통째로 바쳐야 한다면
깨끗이 죽어 영원한 닭의 명예를 얻고
나 이제 여기 장렬히 삶기겠노라.

저녁별

사포

저녁별은
찬란한 아침이 여기저기에다
흩뜨려놓은 것들을
모두 제자리로 돌려보낸다

양을 돌려보내고
염소를 돌려보내고
어린이를 그 어머니 품에
돌려보낸다.

사랑

패러디

사랑은
관계 속에 살아가는 세상살이에서
끊임없이 주어지는 문제와 갈등들을
모두 풀어주는 만능 답안이다

부부간의 방정식을 풀고
고부간의 연산을 풀고
얼어붙은 강물도 풀어주는
만능의 답안이다

그 답안은 나를 제물로 드리는 것이나
제사가 끝난 뒤 대접을 받는 것은 나이므로
사랑은 스스로에게 그 혜택을
돌려보낸다.

제 3 장
통닭집 가던 닭도 웃는다

동창이 밝았느냐

남구만

동창이 밝았느냐
노고지리 우지진다

소치는 아이는
상기 아니 일었느냐

재 너머 사래 긴 밭을
언제 갈려 하느니.

남편은 출근하고

패러디

남편은 출근하고
아이들은 학교 갔다

재미있는 연속극은
상기 아니 끝났느냐

빨래 통 가득 담긴 빨래는
언제 빨려 하느니.

잘 가노라 닫지 말며

김천택

잘 가노라 닫지 말며
못 가노라 쉬지 마라

부디 긋지 말고
촌음을 아껴쓰라

가다가 중지곧 하면
아니 감만 못하니라.

돈 많다고 건방떨지 말며

패러디

돈 많다고 건방떨지 말며
돈 없다고 기죽지 마라

부디 중심을 지키어
금욕에 나부끼지 마라

돈이 인품을 흔들 양이면
아니 갖만 못하니라.

술을 취케 먹고

정태화

술을 취케 먹고
두렷이 앉았으니

억만 시름이
가노라 하직한다

아해야, 잔 가득 부어라
시름 전송 하리라.

복권을 한 장 들고

패러디

복권을 한 장 들고
두렷이 앉았으니

억만 시름이
가노라 하직한다

여봐라, 번호 맞춰봐라
시름 전송 하리라.

잔 들고 혼자 앉아

윤선도

잔 들고 혼자 앉아
먼 뫼를 바라보니

그리던 임이 온다
반가움이 이러하랴

말씀도 우움도 아녀도
못내 좋아하노라.

술 취해 걸어가며

패러디

술 취해 걸어가며
길바닥을 바라보니

멀쩡한 아스팔트
벌떡벌떡 일어난다

정신 나간 누군가가
화장지를 길게도 풀었구나

도로 중앙선이라
우기지 말 지어라.

노래 삼긴 사람

신흠

노래 삼긴 사람
시름도 하도 할 샤

닐러 다 못 닐러
불러나 푸돗던가

진실로 풀릴 것이면
나도 불러 보리라.

핵무기 가진 미국
패러디

핵무기 가진 미국
우산도 가졌을 샤

본인 우산 갖지 말고
자기네 우산 쓰란다

진실로 본인 우산 갖을 것이면
양산으로 찔리리라.

반중 조홍감이

박인로

반중 조홍감이
고와도 보이나다

유자 아니라도
품음직도 하다마는

품어가 반길 이 없을 새
글로 설워 하노라.

쇼윈도 명품 옷이

패러디

쇼윈도 명품 옷이
좋아도 보이나다

몸짱 아니라도
어울림직 하다마는

지갑에 돈이 없을 새
그를 설워하노라.

오동에 듯는 빗발

김상용

오동(梧桐)에 듯는 빗발
무심히 듯건마는

나의 시름 많으니
잎잎이 수성(愁聲)이로다

이후야 잎 넓은 나무
심을 줄이 있으랴.

신문에 나는 뉴스
패러디

신문에 나는 뉴스
무심히 보건마는

내 시름하니
건건이 고약하다

이후야 간 떨려서
읽을 줄이 있으랴.

홍진의 꿈 깨인지

장경세

홍진의 꿈 깨인지
이십년이 어제로다

녹양방초에
절로 놓인 말이 되어

때때로 고개를 들어
임자 그려 우노라.

신혼의 꿈 깨인 지
패러디

신혼의 꿈 깨인 지
이십년이 어제로다

엄처시하에
절로 묶인 소가 되어

때때로 고개 들어
총각 때 그려 우노라.

한산섬 달 밝은 밤에

이순신

한산섬 달 밝은 밤에
수루에 홀로 앉아

큰 칼 옆에 차고
깊은 시름하는 차에

어디서 일성호가는
남의 애를 끊나니.

호수공원 볕 좋은 날에
패러디

호수공원 볕 좋은 날에
벤치에 홀로 누워

하늘 바라보며
떠난 애인 생각 하던 차에

옆 벤치서 키스하는 아베크는
남의 화를 돋나니.

사미인곡(思美人曲) 〈결사(結詞)〉

정철

하루는 열두 때, 한 달은 서른 날
잠시라도 임 생각 말아 이 시름을 잊으려도

마음속에 깊이 맺혀 뼈 속까지 사무치니
편작 같은 명의가 온들 이 병을 어찌 하리

어와, 이 병이야 임의 탓이로다
차라리 죽은 뒤에 호랑나비 되어서

꽃나무 가지마다 간 데 족족 앉았다가
향 묻은 날개로 임의 옷에 옮으리라

임이야 나인 줄 모르셔도
나는 내님을 따르리라.

사김치곡(思沈菜曲) 〈잘 익음〉

패러디

하루에 세 끼, 한 달이면 구십 끼
며칠이라도 김치 생각 말아 그 맛을 잊으려도

입맛이 길들여져 먹어도 먹은 것 같지 않으니
단무진들, 샐러든들 이 입맛을 어찌하리

어와, 이 병이야 김치의 탓이로다
차라리 양념에 버무려진 배추가 되어서

김치통 통통 마다 포기포기 앉았다가
잘 익은 김치로 내 밥상에 오르리라

젓가락이야 김치인 줄 모르셔도
나는 내 입맛을 쫓으리라.

장진주사(將進酒辭)

정철

한 잔 먹세 그려, 또 한잔 먹세 그려
꽃 꺾어 셈하고 무진 무진 먹세 그려

이 몸 죽은 후면 지게 위에 거적 덮어 졸라매고 가나
아름답게 꾸민 상여를 사람들이 울며불며 뒤따르나

어욱새, 속새, 떡갈나무 백양(白楊)숲, 무덤에 가기만 하면
누런 해, 흰 달, 굵은 눈, 가는 비, 소슬 바람 불 제 뉘 한잔 먹자할꼬?

하물며 무덤 위의 잔나비 휘파람 불제
뉘우친들 무슨 소용이 있으리.

장진뢰사(將進賂辭)
패러디

뇌물 먹세 그려, 또 한 번 먹세 그려
이권 줘서 셈하고 무진 무진 먹세 그려

돈 있으면 측근들과 미인들 따르리니
나 혼자 청렴, 결백, 고고하면 뭐 하겠나

호화주택, 고급차, 술집 아방궁
말 한마디에 설설 기는 졸개들

뉴스 한번 나오면 그만인데 누가 아니 먹을꼬?
하물며 교도소 독방도 특실인 제 그 누가 뉘우치리.

마을 사람들아

정철

마을 사람들아
옳은 일 하자스라

사람이 되어 나서
옳지 곧 못하면

마소를 갓 고깔 씌워
밥 먹이나 다르랴.

의사당 사람들아

  패러디

의사당 사람들아
당파질 말자스라

의원이 되어 갖고
당파질이나 하면

금뱃지 녹이 슬어
부식되나 다르랴.

말 없는 청산이요

성혼

말 없는 청산(靑山)이요
태(態) 없는 유수(流水)로다

갑 없는 청풍(淸風)이요
임자 없는 명월(明月)이라

이 중에 병 없는 이 몸이
분별 없이 늙으리라.

앵두 같은 입술이요
패러디

앵두 같은 입술이요
초승달 같은 눈썹이로다

사슴 같은 자태요
옥구슬 같은 목소리라

그래도 자애(慈愛)없으면
빛 좋은 개살구라 하니라.

태산이 높다 하되
양사언

태산이 높다하되
하늘아래 뫼이로다

오르고 또 오르면
못 오를 리 없건마는

사람이 제 아니 오르고
뫼만 높다 하더라.

행복이 없다 하되
패러디

행복이 없다 하되
마음 안의 새이로다

붙잡아서 느끼면
못 누릴 리 없건마는

불만족이 제 아니 붙잡고
파랑새 없다 하더라.

나비야 청산 가자

작자 미상

나비야 청산 가자
범나비야 너도 가자

가다가 저물거든
꽃에 들어 자고 가자

꽃에서 푸대접하거든
잎에서 자고 가자.

멍멍이야 보신탕집 가자

패러디

멍멍이야 보신탕집 가자
흑염소야 너도 가자

가다가 힘이 들면
영양탕집에서 쉬어가자

영양탕집에서 푸대접하거든
증탕집에서 자고 가자.

말하기 좋다하고

작자 미상

말하기 좋다하고
남의 말을 하는 것이

남의 말 내 하면
남도 내말 하는 것이

말로서 말이 많으니
말 말을까 하노라.

재갈 없다하고
패러디

재갈 없다하고
남의 비난 많은 것이

남 비난하면
남도 날 비난하는 것이

내입 어리석으니
누워서 침 뱉는다 하노라.

동짓달 긴긴 밤을

황진이

동짓달 기나긴 밤
한 허리를 베어 내어

춘풍(春風) 이불 아래
서리서리 넣었다가

어론님 오신 날 밤에
굽이굽이 펴리라.

세발낙지 긴 다리를

패러디

세발낙지 긴 다리를
젓가락에 둘둘 말아

소금 친 참기름에
서리서리 찍어내어

회춘 청춘 갈망하며
우물우물 씹으리라.

산은 옛 산이로되

황진이

산은 옛 산이로되
물은 옛 물이 아니로다

주야(晝夜)에 흐르니
옛 물이 있을쏘냐

인걸(人傑)도 물과 같아
가고 아니 오노매라.

사람은 옛 사람이로되

패러디

사람은 옛 사람이로되
핸드폰은 옛 핸드폰이 아니로다

신기종이 쏟아지니
옛 것이 있을쏘냐?

세상 모든 것이 이와 같아
조석변개(朝夕變改) 하노매라.

청산리 벽계수야

황진이

청산리 벽계수야
수이 감을 자랑마라

일도 창해하면
돌아오기 어려우니

명월이 만공산할 제
쉬어간들 어떠하리.

세상의 남자들아
패러디

세상의 남자들아
예쁜 녀만 좋아마라

예쁘기도 하려니와
가시도 있으려니

가시 없는 호박꽃은
찔리지 아니하리.

특급호텔 안내원아

패러디

특급호텔 안내원아
티코라고 무시 마라

당첨만 됐다하면
벤츠 능히 탈 수 있다

어제 밤 꿈이 삼삼하니
로또 당첨 기대하리.

청산은 어찌하여

이황

청산은 어찌하여
만고에 푸르르며

유수는 어찌하여
주야에 긋지 아니는고

우리도 그치지 말고
만고상청하리라.

얼룩말은 어찌하여
패러디

얼룩말은 어찌하여
몸매가 늘씬하며

기린은 어찌하여
목, 다리가 미끈한가?

나도 풀만 먹어
말처럼 기린처럼 늘씬 미끈하리라.

적토마 살찌게 먹여

남이 장군

적토마 살찌게 먹여
두만강에 씻겨 세고

용천검 드는 칼을
선뜻 빼쳐 둘러메고

장부의 입신양명을
시험할까 하노라.

개미를 살찌게 먹여
패러디

개미를 살찌게 먹여
안장 놓아 올라타고

단지창 이쑤시개
선뜻 빼어 손에 들고

밀림으로 코끼리 사냥을
나가볼까 하노라.

천만리 머나먼 길에

왕방연

천만 리 머나먼 길에
고운 임 여의옵고

내 마음 둘 데 없어
냇가에 앉았으니

저 물도 내 안 같아야
울어 밤길 예놋다.

모처럼 낀 화투판에

패러디

모처럼 낀 화투판에
가진 돈 전부 잃고

내 마음 쪼다 되어
뒷전에 앉았으니

흑싸리 껍데기도 내 맘 같아
울어 바닥 깔린다.

이 몸이 죽어가서

성삼문

이 몸이 죽어가서
무엇이 될꼬 하니

봉래산 제일봉에
낙락장송 되었다가

백설이 만건곤할 제
독야청청 하리라.

이 몸이 살아생전

패러디

이 몸이 살아생전
무엇이 될꼬 하니

압구정동 중심가에
얼짱, 몸짱 되었다가

뭇 남성 침 흘릴 제
도도 오만 하리라.

삭풍은 나무 끝에 불고

김종서

삭풍은 나무 끝에 불고
명월(明月)은 눈 속에 찬데

만리변성(萬里邊城)에
일장검 짚고 서서

긴 바람 큰 한 소리에
거칠 것이 없어라.

물고기는 물속에 살고
패러디

물고기는 물속에 살고
산새는 산속에 사는데

인간들은 좁아터진 도시에
바글바글 모여서

싸우고 지지고 볶고
편할 날이 없어라.

내 해 좋다 하고
변계량

내 해 좋다하고
남 싫은 일 하지 말며

남이 한다하고
의(義) 아녀든 쫓지 마라

우리는 천성을 지키어
생긴 대로 하리라.

내 주장 옳다 하고
패러디

내 주장 옳다 하고
논리로만 설득 말며

남의 주장 그르다 하고
마음문 막지 마라

마음이 소통하면
비논리도 설득되며

마음이 비소통하면
논리도 비설득 되니라.

하여가(何如歌)
이방원

이런들 어떠하리
저런들 어떠하리

만수산 드렁 칡이
얽혀진들 어떠하리

우리도 이같이 얽혀져
백 년까지 누리리라.

작심가(作心歌) 닭의 패러디

통닭 된들 억울하리
찜닭 된들 원통하리

옥체가 삼계탕 되어
먹혀진들 분통하리

어차피 털 뽑힌 목숨
맛있게 삶기리라.

단심가(丹心歌)

정몽주

이 몸이 죽고 죽어
일백 번 고쳐죽어

백골이 진토(塵土)되어
넋이라도 있고 없고

임 향한 일편단심
가실 줄이 있으랴.

탄식가(歎息歌) 닭의
패러디

이 몸이 털 뽑혀서
기름에 튀겨지고

옥체가 통닭 되어
형체라도 있고 없고

인간들 맛 사랑이
이 내 생명 보살피랴.

단애가(丹·愛歌)
패러디

이 몸이 살고 살아
일백 번 고쳐 살아

백수에 천수 더해
영생을 누린대도

사랑 없으면 꽹과리라
무슨 공이 있으랴.

까마귀 검다 하고

이직

까마귀 검다 하고
백로야 웃지 마라

겉이 검다고 속조차
검을 소냐?

겉 희고 속 검은 이는
너뿐인가 하노라.

백수 논다 하고
패러디

백수 논다 하고
유직자(有職者)야 비웃지 마라

지금 논다 한들
영원히 놀을 소냐?

잘릴까 초조한 건
너 뿐인가 하노라.

이화에 월백하고

이조년

이화(梨花)에 월백(月白)하고
은한(銀漢)이 삼경인 제

일지춘심(一枝春心)을
자규야 알랴마는

다정도 병인 양하야
잠 못 들어 하노라.

은한(銀漢)=은하수

이화여대 졸업하고

패러디

이화여대 졸업하고
무직생활 3년인 제

일화청춘(一花靑春)을
백조야 알랴마는

고학력 미모도 병인 양하여
홀로 고민하노라.

오백년 도읍지를

길재

오백년 도읍지를
필마(匹馬)로 돌아드니

산천은 의구(依舊)하되
인걸(人傑)은 간데 업다

어즈버 태평연월(太平烟月)이
꿈이런가 하노라.

반만년 한국사를

패러디

반만년 한국사를
사서(史書)로 돌아보니

민족은 의구(依舊)하되
외침(外侵)은 간단없다

어즈버 집안싸움이
망국병인가 하노라.

흥망이 유수하니
원천석

흥망이 유수(有數)하니
만월대도 추초(秋草)로다

오백 년(五百年) 왕업이
목적(牧笛)에 부쳐시니

석양(夕陽)에 지나는 객(客)이
눈물계워 하노라.

불법대출 드러나니

패러디

불법대출 드러나니
탈법대출도 수면위로다

서민 돈 끌어간 은행이
신용난에 부쳐시니

창구에 몰려든 객이
인출계워 하노라.

청산은 나를 보고

나옹 선사

청산은 나를 보고 말없이 살라하고
창공은 나를 보고 티 없이 살라하네

사랑도 벗어놓고 미움도 벗어놓고
물같이 바람같이 살다가 가라하네

청산은 나를 보고 말없이 살라하고
창공은 나를 보고 티 없이 살라하네

성냄도 벗어놓고 탐욕도 벗어놓고
물같이 바람같이 살다가 가라하네.

남편은 아내 보고

패러디

남편은 아내보고 스포츠중계 보자하고
아내는 남편보고 연속극 보자 하네

신문도 던져 놓고 밥상도 밀쳐두고
리모콘 다툼하며 서로서로 보려하네

아들은 아빠보고 코미디 보자하고
딸은 엄마보고 연예중계 보자 하네

체면도 벗어놓고 양보도 벗어 놓고
서로서로 채널 다툼 아웅다웅 싸움하네.

정읍사(井邑詞)

작자 미상

달하 노피곰 도다샤
어긔야 머리곰 비취오시라
어긔야 어강됴리
아으 다롱디리

져재 녀러신고요
어긔야 즌 데를 드데욜셰라
어긔야 어강됴리

어느이다 노코시라
어긔야 내 가논 데 졈그랄셰라
어긔야 어강됴리
아으 다롱디리.

구차사(求車詞)
패러디

서방님 돈 좀 많이 버시와
어긔야 나도 차 좀 한대 사줘요
어긔야 어강됴리
아으 다롱디리
아들아 너도 좀 거들어라

소첩도 삐까뻔쩍 폼 잡고
어긔야 나들이 한 번 가게요
어긔야 어강됴리
아들아 너도 좀 거들어라

서방님 이왕이면 BMW로 사줘요
어긔야 친구들 기 좀 죽이게
어긔야 어강됴리
아으 다롱디리
아들아 너도 좀 거들어라.

청산별곡(靑山別曲)

작자 미상

살어리 살어리랏다, 쳥산애 살어리랏다
멀위랑 다래랑 먹고 쳥산애 살어리랏다
얄리얄리 얄랑셩, 얄라리 얄라

우러라 우러라 새여, 자고 니러 우러러 새여
널라와 시름 한 나도 자고 니러 우니로라
얄리얄리 얄랑셩, 얄라리 얄라

가던 새 가던 새 본다, 믈 아래 가던 새 본다
잉 무든 장글란 가지고 물아래 가던 새 본다
얄리얄리 얄랑셩, 얄라리 얄라

이리공 뎌링공 하야, 나즈란 디내와숀뎌
오리도 가리도 업슨 바므란 또 엇디호리라
얄리얄리 얄랑셩, 얄라리 얄라

어듸라 더디던 돌코 누리라 마치던 돌코
믜리도 괴리도 업시 마자셔 우니노라
얄리얄리 얄랑셩, 얄라리 얄라

살어리 살어리랏다, 바라래 살라리랏다
나무자기 구조개랑 먹고 바라래 살어리랏다
얄리얄리 얄랑셩, 얄라리 얄라

가다가 가다가 드로라, 에졍지 가다가 드로라
사스미 짒대예 올라서 해금을 혀거를 드로라
얄리얄리 얄랑셩, 얄라리 얄라

가다니 배브른 도긔 설진 강수를 비조라
조롱 곳 누로기 매와 잡사와니 내 엇디하리잇고
얄리얄리 얄랑셩, 얄라리 얄라셩.

웃자별곡
패러디

웃으리 웃으리랏다, 패러디시에 웃으리랏다
시랑 시조랑 읽고 패러디 시에 웃으리랏다
하하허허 히히히, 호호호 깔깔

웃어라 웃어라 개여, 짖지 말고 웃어라 개여
웃을 일 없는 나도 패러디 시 읽고 웃니로라
하하허허 히히히, 호호호 깔깔

가던 닭 웃는다, 가던 닭 웃는다, 통닭집 가던 닭도 웃는다
패러디 날개 퍼덕이며 통닭집 가던 닭도 웃는다
꼬꼬댁 꼬꼬, 꼬꼬댁 꼬꼬

개그 보고, 토크 듣고 깔깔대며 웃었지만
또 다른 차원의 웃음이 어찌 없으리오
서정성 운율성 마음으로 웃는 웃음, 명시 패러디

무슨 풍자냐, 어떤 은유냐, 지나가던 김삿갓도 웃는구나
즐거움을 머금고 기쁨을 머금고 마음으로 웃니로라
히히히 킬킬, 크크크 키득

웃으리 웃으리랏다, 패러디 유머에 웃으리랏다
시랑 시조랑 읽고 패러디 유머에 웃으리랏다
핫핫핫 큭큭, 히히히 피식

행복이 무엇이뇨, 웃고 삶이 행복이다
크게 한 번 웃어보자 엔돌핀을 돌려라
하하허허 히히히, 호호호 깔깔

통닭집 가던 닭도 웃는데 그 누가 아니 웃을꼬?
웃어라 웃어라 개여, 짖지 말고 웃어라 개여
캉캉컹컹 멍멍멍, 왈왈왈 헥헥.